Essen (Oldg.), den 20.11.2011

Anja Polaszewski (Hrsg.)

Glückssache

Meine liebe Doris,

beim Lesen dieses Büchleins
wünsche ich Dir jede Menge
Freude, viele Schmunzler und
Momente, die Dich zum po-
sitiven Nachdenken bewegen.

Alles, alles Liebe —
und ganz viel Glück!

Deine Anja

Bild 1: Werner Quast – *Sommer*

Anja Polaszewski (Hrsg.)

Glückssache

Anthologie

Bibliografische Information der Deutschen Nationalbibliothek: Die
Deutsche Nationalbibliothek verzeichnet diese Publikation in der
Deutschen Nationalbibliografie; detaillierte bibliografische Daten sind
im Internet über http://dnb.d-nb.de abrufbar.

1. Auflage, November 2011
© polamedia Verlag, Anja Polaszewski, November 2011

Verlag/Herausgabe: polamedia Verlag, Anja Polaszewski
www.polamedia.de I info@polamedia.de
Herstellung: e. kurz + co druck und medientechnik gmbh

ISBN: 978-3-9813903-2-2

„Um glücklich zu sein, ist es nötig, frei von Vorurteilen, tugendhaft und bei guter Gesundheit zu sein, Neigungen und Leidenschaften zu haben und für Illusionen empfänglich zu sein, denn den Großteil unsrer Vergnügen schulden wir der Illusion, und unglücklich ist, wer sie verliert."

– Madame du Châtelet, aus: *Rede vom Glück*

Meiner Familie

Inhaltsverzeichnis

Bildverzeichnis

Bild 2: Anja Polaszewski – *Es liegt bei Dir*

VORWORT

Die ewige Suche nach dem Glück

„Man will nicht nur glücklich sein, sondern glücklicher als die anderen. Und das ist deshalb so schwer, weil wir die anderen für glücklicher halten, als sie sind."

– Charles-Louis de Montesquieu

Ob arm oder reich, jung oder alt: Jeder von uns ist auf der Suche nach dem ganz großen Glück. Aber was auch immer wir dafür tun: Das Zitat von Montesquieu trifft es ziemlich genau. Der Vergleich mit dem angeblichen Glück anderer Menschen ist der direkte Weg ins Unglück.

Aber was ist denn nun *Glück*? Ist jeder selbst seines Glückes Schmied[1] oder ist es Schicksal? Und *wie* können wir überhaupt glücklich werden?

Damit haben sich schon Größen wie Hermann Hesse, Marcel Proust und Isabel Allende auseinandergesetzt. Es sind Fragen, die jeden beschäftigen.

Auf der Suche nach dem Glück legen wir uns selbst Steine in den Weg. Wir stolpern darüber, fallen zu Boden – und wun-

---

1   Anmerkung der Herausgeberin: „Jeder ist seines Glückes Schmied": Diese Redewendung verwendeten bereits die alten Römer im dritten Jahrhundert vor Christus. Erfunden haben soll sie der damalige Politiker Appius Claudius Caecus.

Die ewige Suche nach dem Glück

dern uns auch noch. Dabei liegt das Glück viel näher, als wir denken. Denn es ist ganz individuell. Jeder erlebt und spürt es anders. Jeder muss es selbst für sich herausfinden.

In der vorliegenden Anthologie setzen sich vierundzwanzig Menschen mit diesem Thema auseinander. Für eine Autorin liegt das Glück in der Liebe und in den leuchtenden Kinderaugen der Enkelin, für wieder eine andere Schriftstellerin in der Vielfalt der Natur. Und dann gibt es da noch die anderen, die ganz alltäglichen Dinge des Lebens ...

Ich denke, dass der Glück hat, dessen Herz und Seele in einem Gleichgewicht zueinander stehen. Glücklich ist der, der zufrieden ist und nicht immerzu vergleicht.

Fjodor M. Dostojewski schreibt in seiner Geschichte *Das Wissen um Glück*: „All denen geht es gut, welche wissen, dass alles gut ist. Wenn die Menschen wüssten, dass es ihnen gut geht, dann würde es ihnen gut gehen; aber solange sie nicht wissen, dass es ihnen gut geht, wird es ihnen schlecht gehen. Das ist der ganze Gedanke, der ganze; weiter gibt es keinen!"

Machen Sie mit diesem Buch eine Reise ins Glück – und nehmen Sie ein kleines Stückchen davon mit in Ihre Herzen.

Essen (Oldenburg), im November 2011,
Anja Polaszewski,

BEGLÜCKENDES

Thomas Backus:
Böses Glück

Die süßesten Träume von Liebe und Glück wurden jäh unterbrochen durch das aggressive Klingeln des Weckers. Manchmal vermutete Sven, dass in dem Gerät ein heimtückischer Geist hauste, der es liebte, Menschen auf diese Art zu quälen. Trotzdem stand er auf. Nicht weil er wollte, sondern weil er musste. Arbeit wartete dort draußen auf ihn, nicht die Glückseligkeit des Schlafes. Vielleicht hielt er deswegen die Augen halb geschlossen, wie um die Glückseligkeit noch einen klitzekleinen Moment festzuhalten. Doch das Glück lässt sich nicht zwingen. Und das Leben erteilte ihm sogleich diese schmerzhafte Lektion, denn Sven stieß mit seinem großen Zeh gegen den Bettpfosten. „Auoahh!", schrie er und hüpfte auf einem Bein umher – erst ziellos, dann zielgerichtet in Richtung Bad, wo kaltes Wasser seinen Schmerz vielleicht lindern mochte. Tasächlich, das kalte Wasser schwemmte einen großen Teil des Schmerzes hinweg, und weil Sven schon mal in der Dusche stand, beschloss er, gleich dort zu bleiben und die restlichen Körperteile zwecks Körperhygiene auch dem Wasser auszusetzen. Man muss ihm zugutehalten, dass er es ernsthaft versuchte. Jedoch veranlasste die niedrige Wassertemperatur (gefühlte Minusgrade!) ihn zu einer schnellen Flucht aus der Dusche. Man konnte den Vorgang schwerlich als Waschen bezeichnen. „Mist", bibberte er. „Wo ist denn all das heiße Wasser hin?" Er schaute sich um, nicht wirklich, um den Aufenthaltsort des Wassers zu ermitteln, sondern den des Handtuchs. Als er das auch nicht fand, wagte er die Prämisse, dass sich Handtuch und Heißwasser am selben, fernen Ort aufhielten. Er kommentierte das mit einem weiteren, herzhafteren „Mist!" Aber in der Tiefe seines Herzens war Sven ein unerschütterlicher Optimist, weshalb er sich freute: „Dann habe ich wenigstens mehr Zeit zum Frühstücken". Ein Blick in den Kühlschrank ernüchterte ihn. Keine Milch. Was eine Beatgruppe der 1960er-Jahre zu einem Lied inspiriert hatte, zwang ihn zur Improvisation. „Ohne Milch kein Müsli", seufzte er, denn er war Traditionalist.

„Da werde ich mich wohl auf einen Kaffee beschränken." Die Kaffeedose fühlte sich zwar sehr leicht an, aber für eine Tasse mochte es gerade noch reichen. Mehr braucht der Optimist nicht zum Glücklichsein. Das schwarze Getränk füllte seine Tasse und sein Herz gleichermaßen mit Wärme.

„So wohlriechend kann Glück sein", schwärmte er und griff zum Zucker, um sich seinen Tag noch ein wenig zu versüßen. Leider erwischte er stattdessen das Salz. In seiner Glückseligkeit bemerkte er den Irrtum erst, als er von seinem Kaffee trank. Er spuckte alles wieder aus und verteilte seine gute Laune an der Küchenwand. Sein Blick fiel auf den Kalender: „War ja klar: Freitag, der 13.!" Normalerweise aberglaubte Sven nicht. Er war immerhin ein Sonntagskind, da stand er über diesen Dingen. „Dann hole ich mir meinen Kaffee und ein paar leckere Teilchen halt beim Bäcker um die Ecke!" Zumindest versuchte er es: Leider hatte er in seinem Morgenchaos die falsche Hose angezogen, die zwar sehr schick, aber leider ohne Portemonnaie in der Gesäßtasche war. Ohne Geld wollte ihm die Bäckereifachverkäuferin nichts Ess- oder Trinkbares verkaufen. Ohne Frühstück sprintete Sven zurück in seine Wohnung, um sich wenigstens das Geld für den Bus zu holen. Er stellte aber fest, dass der Nahrungsentzug ihn schon derart entkräftet hatte, dass sein Sprint zu kurz ausfiel und er seinen Bus eine winzige Idee zu spät erreichte. Wer zu spät kommt, den bestraft das Leben. In diesem Fall vertreten durch den werten Chef. Der brüllte und schnaufte, als würde die Verspätung seines Angestellten die Welt in den Untergang stürzen – oder zumindest sein Unternehmen. Sven war soviel Aufmerksamkeit vonseiten der Geschäftsleitung nicht gewohnt, und er entschloss sich, eine solche nie wieder erregen zu wollen. Was ihm nicht gelang. Es ist äußerst schwierig, wichtige Akten zu bearbeiten, wenn diese verschwunden sind. Sven suchte seine Akten zuerst im Regal, dann auf seinem Schreibtisch. Sogar auf dem des Kollegen. Als er sie weder hier noch dort fand, suchte er unter den Tischen und auch auf dem Klo. Die Akten blieben im Bermudadreieck der Verwaltung verschwunden. Zuletzt suchte er sie im Büro seines Chefs, was natürlich erneut Aufmerksamkeit erregte, und so nebenbei auch den Chef. Der hatte sich offenbar schon einige Gedanken über die Zu- und Unzuverlässigkeit seines Angestellten gemacht, denn zu diesem Thema hatte er eine Menge zu sagen – und zwar in einer Deutlichkeit, die Sven sehr verletzend fand. Obwohl dies nicht seine Art war, fiel Sven vor seinem Chef auf die Knie und bettelte ihn um Urlaub an. Es erstaunte ihn sehr, dass dieser ihn einfach so, wenn auch sehr lautstark, gewährte. „Hauen Sie ab!", schrie der Chef leidenschaftlich. „Mit Ihnen ist heute eh nichts anzufangen!" Sven beschloss, den Tag friedlich dort zu verbringen, wo er ihn angefangen hatte. In der Geborgenheit seines Bettes. Nun musste er nur noch schnellsten Weges dorthin gelangen. Aber dann schaltete die Ampel viel zu schnell von Grün auf Rot. Er stand mitten auf der Straße, wusste nicht vor und nicht zurück. Tendenziell wollte er vor, denn da lag seine Schlafstätte. Beherzt machte Sven einen Schritt nach vorn. Die Konsequenz seiner Entscheidung traf ihn wie ein Vorschlaghammer. Etwas streifte seine Hüfte, und als ihn der Schwung um die eigene Achse wirbelte, meinte er die Umrisse eines Krankenwagens zu erkennen. „Super", dachte er, „dann ist der Notarzt ja gleich da!" Sprach er und fiel in einen tiefen Schlaf, der ihn all seine Pein und sein Pech vergessen ließ.

„Alles wird gut!", hörte er einen Engel sagen, und so wagte er es, seine Augen zu öffnen. „Oh Gott, ist der Himmel blau!", krächzte er. Dann klärte sich sein Blick, und er sah, dass dieses Blau nicht vom Himmel ausgestrahlt wurde, sondern von etwas viel Himmlischerem. Das waren die schönsten Augen, die er jemals gesehen hatte. „Eine Gehirnerschütterung ist nicht auszuschließen", sagte die Rettungssanitäterin mit der engelsgleichen Stimme, aber sie lächelte dabei, sodass Sven seine Schmerzen vergaß. Er lächelte auch und sagte: „Heute ist echt mein Glückstag!"

Thomas Backus:
Der Glücksbringer

Stimmt es wirklich, dass ..." Die junge Frau sah Herbert tief in die Augen. Verlangen glänzte in den ihren.

„Versuchen Sie Ihr Glück!", sagte Herbert. Sie hob zaghaft ihre Hand. Offensichtlich hatte sie so etwas noch nie getan.

„Keine Scheu", lächelte er. „Es ist ganz einfach. Dergleichen passiert hundertfach überall auf der Welt! Sie brauchen sich nicht zu genieren, weil Sie dieses Bedürfnis verspüren ..."

Sie lächelte unsicher zurück, nickte. Dann strich sie ihm über die Wange. Dabei war sie viel zu forsch, um zärtlich zu sein. Schwarzer Ruß haftete an ihren Fingern. Sie hätte es wissen müssen. Das war etwas Schmutziges, etwas Verbotenes. So etwas tat man nicht. Der Mann, den sie da berührte, war nicht ihr Mann. Er war gewissermaßen ein Fremder, auch wenn er seit einiger Zeit regelmäßig in ihr Haus kam. Die Begierde hatte sie überwältigt, als sie ihn das erste Mal sah. Bis jetzt hatte sie ihrem Verlangen nicht nachgegeben. Aber jetzt klebte Schmutz an ihren Händen. Sie betrachtete ihn eingehend, mehr fasziniert als angeekelt. Bis das Telefon sie aus ihren Gedanken riss.

„Entschuldigen Sie bitte." Röte überzog ihre Wangen. Sie stellte auf laut. Vielleicht war es ihr Mann, der mit seinem Anruf die unschickliche Situation beendete. Aber es war nicht ihr Mann. Aus dem Telefon sprach noch ein Fremder. Mit emoti-

Thomas Backus: Der Glücksbringer

onsloser Stimme verkündete er: „Sie haben im Lotto gewonnen, Frau Heinze. Der Jackpot beträgt ..." Sie rannte auf Herbert zu und umarmte ihn heftig, sie küsste ihn auf seine schmutzigen Lippen. „Danke", hauchte sie glücklich.

„Gern geschehen", grinste er. „Das ist schließlich mein Job – als Schornsteinfeger!"

Herbert ließ Frau Heinze mit ihrem Glück allein. Wahrscheinlich würde sie jetzt all ihre Freunde anrufen, um von dem Gewinn zu erzählen. Sie brauchte ihn jetzt nicht mehr.

Schnellen Schrittes trat er ins Treppenhaus hinaus. Dabei lief er in ein junges Mädchen. Sie versuchte noch, sich an ihm festzuhalten. Vergeblich: In ihrem Schwung fand sie keinen Halt. Herbert sah noch zwei Hände, die sich ihm entgegenstreckten, von Ruß beschmutzte Hände. Er griff nicht nach ihnen, denn er wusste, dass er das nicht musste.

Ein paar Stufen taumelte das Mädchen nach unten, dann purzelte sie direkt in die Arme eines jungen Mannes. Sie sah zu Herbert hoch, und ihre Lippen bebten noch vor Erregung. Lautlos formten sie ein Dankeschön. Herbert nickte wissend. Das Glück war bisweilen genauso stürmisch wie die Jugend.

Ein Lächeln schmückte noch immer seine Lippen, als er auf die Straße trat. Dort fand er eine junge Frau tief in den Motorraum ihres Lupos gebeugt. Als sie hervorschaute, war ihr Gesicht genauso rußverschmiert wie seins.

„Mein Auto springt nicht an. Können Sie mir helfen?", fragte sie verzweifelt.

„Klar", sagte Herbert und strich ihr zärtlich über die Wange.

„Hey", schimpfte sie. „Das war kein Vorwand, um Ihnen näherzukommen. Mein Auto springt wirklich nicht an."

„Ich weiß", sagte Herbert. „Starten Sie den Motor."

„Das habe ich vorhin schon getan. Er will nicht. Irgendetwas stimmt nicht."

„Starten Sie." Herbert brachte seinen Wunsch so überzeugend vor, dass die Frau sich ihm nicht widersetzen konnte.

„Na gut, aber ... Hey, der läuft ja einwandfrei!"

„Es war mir ein Vergnügen!" Herbert schloss die Motorhaube des Wagens und winkte ihr zum Abschied.

Die nächste Frau, die Herbert küsste, war seine eigene. Seine Lippen berührten ihre, und in diesem Moment konnte Herbert das Glück körperlich spüren. Ein Glück, das er empfing, statt es zu geben.

„Wie war dein Tag, Liebling?", fragte Frau Schornsteinfeger atemlos. Herbert grinste: „Ach, eigentlich wie immer!"

Dann küsste er sie erneut – auch wie immer.

Bild 3: Anja Polaszewski – *Indischer Bauer*

Hermann Bauer:
Ein Schritt rückwärts = vorwärts

Ein chinesischer Reisbauer erklärte mir einmal die Philosophie, die hinter dem Reisanbau steckt:

Betrachte die Arbeitsweise der Reisfeld-Arbeiterinnen.
Sie beginnen im obersten, vordersten Feld in der ersten Reihe, dann
kommt die zweite Reihe dran, die dritte, vierte ...

Sind sie mit dem Feld fertig,
wird die darunter liegende Terrasse pikiert.
Sie arbeiten von oben nach unten, von vorn nach hinten
und gehen dabei immer einen Schritt rückwärts.

Das Feld hat man jeder Zeit im Überblick.
So kommen sie schließlich ans gewünschte Ziel!
Glück und Erfolg kann man mit hastigem und unüberlegten Vorwärtsrennen nicht erzwingen.

Man muss auch mal einen Schritt rückwärts gehen!

Gaby Bessen:
Glück

Wie so oft in der letzten Zeit, lag sie in freudiger Erwartung auf dem Sofa. Dabei gingen ihre Gedanken zurück in die Vergangenheit und schufen Pläne für die Zukunft. Mit dem Wort Glück hatte sie in ihrem bisherigen Leben oft auf Kriegsfuß gestanden. Glück hatten meistens nur die anderen, ihr war es oft versagt geblieben. Die Zeit, in der sie dieses Wort und die Tragweite seiner Bedeutung noch nicht zu verstehen vermochte, verbrachte sie im Kindergarten. Sie war ein blasses Mädchen mit hellblauen, wachen Augen, immer etwas zurückhaltend, aber sie hatte Freundinnen und Freunde, mit denen sie ihre Kindergartenzeit in einigen Phasen unbeschwert verbrachte.

Doch eines Tages veränderte sich ihr Leben grundlegend. Monat für Monat freuten sich die Kinder, wenn die Messlatte ihrer Körpergröße ein wenig nach oben schnellte. Annas Messlatte hingegen veränderte sich nicht. Mit fünf Jahren bat sie ihre Eltern unter Tränen, sie vom Kindergarten abzumelden. Sie ging nur noch mit Widerwillen hin, nachdem einige Kinder nicht mehr mit ihr befreundet sein wollten, weil sie nicht wuchs. Sie musste erleben, wie sie gehänselt wurde und ihr klangvoller Name – Anna – verschandelt wurde. Für einige war sie zu Lili geworden, die Kurzform von Liliputaner. Ein dunkler Schatten hatte sich auf ihre verletzliche Seele gelegt. Eine Freundin war ihr aus der Kindergartenzeit geblieben und mit ihr eingeschult worden, Felicitas, ein selbstbewusstes Mädchen von knapp sechs Jahren, fast zwei Köpfe größer als Anna. Sie hielt ihre schützende Hand über Anna, wie ein kleiner Schutzengel. Mit einfühlsamen Worten erklärte die junge Lehrerin ihrer neuen Klasse 1b, warum Anna im Gegensatz zu ihren Klassenkameraden so klein war. Und nach langer Zeit fühlte sich Anna wieder wohl. Sie hatte eine schnelle Auffassungsgabe, lernte mit Freuden und übernahm gerne allgemeine Aufgaben in der Klasse, bei denen die anderen erst einmal überlegten und zögerten.

Anna wurde das Mädchen für alles, und sie genoss die Rolle, ihr körperliches Defizit durch soziale Aufgaben zu kompensieren. Sie wurde Klassenbeste. Doch ihre guten Noten gefielen nicht allen. Anna spürte Neid und Feindseligkeiten. Als sie von einigen aus ihrer Klasse als Streberin abgestempelt wurde, ließen ihr Fleiß und ihre Offenheit schlagartig nach. Sie zog sich zurück und wurde zu einem kleinen Mauerblümchen. Selbst Felicitas kam nicht mehr an sie heran. Und als ihre einzige Freundin mit den Eltern in eine andere Stadt zog, fühlte sich Anna schutzlos sich selbst überlassen.

Als sie sieben Jahre alt war, wurde ihr Bruder Gregor geboren. Er war ein hübsches Baby mit hellblauen Augen und unzähligen schwarzen Löckchen, die sein blasses, zartes Gesicht umrahmten. Liebevoll und voller Eifer kümmerte sich Anna um den Familienzuwachs. Doch Gregor war ein kränkliches Kind, das von den Eltern mit aller Liebe umsorgt wurde. Anna hingegen stand immer mehr in seinem Schatten. Sein angeborener Herzfehler konnte nicht erfolgreich operiert werden, das kleine Organ war zu schwach. Er verstarb auf dem Operationstisch. Annas Eltern konnten den Verlust nicht verwinden. Die Ehe der Eltern ging endgültig in die Brüche, als Annas Vater eines Tages mit zwei Koffern auszog. Annas Mutter begann zu trinken und zerbrach an ihrem Leben. Der fatale Kreislauf von Alkohol und Tabletten, dem Verlust der Arbeit und der Selbstzerstörung nahm seinen Lauf. Sie lebte immer mehr in ihrer eigenen Welt. Wenn sie Anna mit ihren glasigen Augen ansah, so sah sie nicht ihr Kind, das nach ein wenig Liebe und Anerkennung verlangte, sondern nur noch den Menschen, der ihr beim Aufstehen und Anziehen half und den sie losschicken konnte, wenn der Schnaps alle war.

Alle Bemühungen Annas, die Liebe der Mutter zu gewinnen, blieben erfolglos. Anna begann, hin und wieder die Schule zu schwänzen, ihre Mutter reagierte nicht auf die Elternbriefe der Lehrerin. Diese musste hilflos zusehen, wie Anna ohne Fürsorge und Liebe aufwuchs. Sie hatte keine andere Wahl, als das Jugendamt einzuschalten. Mit einer sofortigen richterlichen Verfügung wurde Anna aus ihrem vertrauten Umfeld gerissen und kam in ein Heim. Das zog ihr völlig den Boden unter den Füßen weg. Ihr Schicksal lag in den Händen fremder Menschen, die sich kaum die Mühe machten, sich eingehend mit ihr zu beschäftigen. Es dauerte eine Zeit, bis Annas Mutter die Kraft fand, sich in einer Klinik einem Entzug zu stellen. Sie war jedoch mit sich und ihrem eigenen Leben so sehr beschäftigt, dass sie Anna zum Geburtstag und zu den Feiertagen le-

Gaby Bessen: Glück

diglich eine Karte schrieb, mehr nicht.

Eine Kinderseele war zerbrochen.

Anna hatte das Gefühl, völlig vergessen worden zu sein. Ihr Vater hatte eine neue Familie gegründet und beruhigte sein Gewissen damit, gelegentlich im Heim anzurufen und sich bei der Leitung nach Annas Wohlbefinden zu erkundigen. Mit Anna selbst sprach er kein Wort. Die Grüße, die er für sie ausrichten ließ, wollte Anna nach einer bestimmten Zeit nicht mehr hören.

Von Wohlbefinden war bei Anna keine Spur zu finden. Sie war sehr klein geblieben und lange Zeit der Spielball der anderen, die sich über ihre Körpergröße immer wieder lustig machten. Anna wehrte sich nicht, dazu hatte sie keine Kraft mehr. Oft wünschte sie sich, sie wäre an Stelle des kleinen Gregor gestorben. Niemand würde sie vermissen, ihre Eltern hätten sich vielleicht nicht getrennt. Sie besuchte mittlerweile die zehnte Klasse der Realschule und ließ ihre einzigartigen Fähigkeiten in künstlerischer und musischer Richtung völlig verkümmern, aus Angst, wieder als Streberin abgestempelt zu werden. Als der Schulabschluss nahte, stellte sich auch die Frage, was aus ihr werden sollte. Sie wusste, dass sie in diesem Heim aus Altersgründen nicht bleiben konnte.

Eines Morgens, Anna wischte gerade im Speisezimmer die Tische nach dem Frühstück ab, kam die Heimleiterin und forderte Anna auf, ihr ins Büro zu folgen. Anna legte erschrocken den Lappen in den Eimer, ließ alles stehen und folgte ihr mit einem unguten Gefühl im Magen. Als sie das Büro betrat, erhob sich eine blonde Frau aus dem Stuhl vor dem Schreibtisch und blickte Anna erwartungsvoll an. „Hallo Anna", erklang die Stimme ihrer Mutter.

„Was willst du?", brachte Anna mühsam hervor. Sie spürte den Boden unter sich schwanken.

„Ich will dich nach Hause holen, in meine neue Familie." Anna blickte auf den breiten Goldring am rechten Ringfinger ihrer Mutter und blickte sie entsetzt an.

„Dazu kommst du ein paar Jahre zu spät."

Anna drehte sich abrupt um und eilte aus dem Büro, direkt hinaus in das Zimmer, das sie mit der gleichaltrigen Corinna teilte. Corinna nahm ihre Kopfhörer aus den Ohren und blickte verwundert zu Anna, die sich schluchzend auf ihr Bett geworfen hatte und ihren Tränen freien Lauf ließ.

„Was ist denn mit dir los?", fragte sie Anna unsicher. Doch die gab keine Antwort. Sie hatte gelernt, sich mit ihrem Kummer in sich selbst zurückzuziehen und allein damit klar zu kommen. Ein langes Gespräch mit der Heimleiterin am Abend gab Anna ein wenig Sicherheit. Niemand konnte sie zwingen, nach all den Jahren der Ignoranz zu ihrer Mutter zurückzukehren. Frau Peters, die mit gebotener Strenge das Heim leitete, zeigte zum ersten Mal warme und mütterliche Gefühle gegenüber einem ihrer Schützlinge.

Anna schaffte einen durchschnittlichen Abschluss der zehnten Klasse und bekam eine Lehrstelle als Floristin in einer Gärtnerei. Das Jugendamt kümmerte sich darum, dass sie in eine Gruppe gleichaltriger Mädchen in eine betreute Wohngemeinschaft umziehen konnte. Sie war es gewohnt, hin und her geschickt zu werden und stellte sich jetzt schon seelisch darauf

Gaby Bessen: Glück

ein, erneut Etliches an Frotzeleien und Anspielungen ertragen zu müssen. Das hatte sie bereits zu oft in ihrem kurzen Leben erlebt. Sie hatte nichts mehr von ihrer Mutter und ihrem Vater gehört und hatte das Thema Familie aus ihrem Wortschatz verbannt. Den Wunsch nach einer eigenen Familie wagte sie nicht einmal zu träumen. Wer wollte schon ein unscheinbares, kleines und farbloses Mädchen, das vom Leben so enttäuscht war? Anna machte die Ausbildung Spaß. Zum ersten Mal in ihrem Leben konnte sie ihre Talente, ihre Kreativität und ihre Freude an Pflanzen und Farben ausleben. Nach einem Jahr baten viele Kunden in der Gärtnerei darum, dass ihre Sträuße und Gestecke ausschließlich von Anna angefertigt würden. Es tat ihrer zarten Seele unendlich gut, in dieser Weise anerkannt zu werden. Hier hatte sie eine Art Familie gefunden, die ihr bislang versagt geblieben war. Niemand neckte sie, niemand redete hinter ihrem Rücken und niemand belächelte sie wegen ihrer Körpergröße. Mit achtzehn durfte Anna ihren Führerschein machen und mit dem Auto der Gärtnerei ihre Bestellungen selbst ausliefern. An die verwunderten Blicke der anderen hatte sie sich gewöhnt. Anna hatte immer sehr bescheiden gelebt. Sie leistete sich nur das Nötigste, das sie zum Leben brauchte. Selbst, wenn ihr das Glück einer eigenen Familie versagt bleiben würde, so sparte sie jeden Cent für eine kleine gemütliche Wohnung.

Abends, wenn ihre Zimmernachbarin schlief, nahm sie oft eine Taschenlampe und einen Zeichenblock und richtete ihre „Puppenstube", wie sie ihr zukünftiges Heim selbst betitelte, ein. Sie sehnte sich danach, unabhängig zu sein und ihr Leben eigenständig in die Hand zu nehmen. Jedes Mal, wenn sie ein Trinkgeld bekam, legte sie es für ihre Wohnung zur Seite. Somit hatte sich bereits eine ansehnliche Summe angehäuft. Das Ende ihrer Lehrzeit schloss sie mit einer sehr guten Prüfung ab, und als das ältere Ehepaar ihr anbot, als Floristin in der Gärtnerei zu bleiben, konnte sie es kaum fassen. Zum ersten Mal in ihrem Leben bekam das Wort Glück ein Gesicht.

Anna strahlte mit den frisch erblühten Sonnenblumen um die Wette. Sie ahnte nicht, dass sie auserkoren war, die Gärtnerei später einmal zu übernehmen, denn Herr Schuster wurde heftig vom Rheuma geplagt, und Frau Schuster stand mit ihren Bandscheiben auf Kriegsfuß. Der einzige Sohn lebte mit seiner Familie in Australien und hatte alles andere im Sinn, als das elterliche Geschäft zu übernehmen. Die kleine Anna war den beiden Älteren sehr ans Herz gewachsen.

Eines Abends, kurz vor Feierabend, fragte Frau Schuster unvermittelt: „Sag mal Anna, du bist nun volljährig und willst doch sicher mal auf eigenen Füßen stehen? Ihr jungen Leute wollt doch so früh wie möglich eure eigene Wohnung haben. Hast du diesbezüglich noch keine Pläne?" Anna fühlte sich von dieser Frage völlig überrumpelt.

„Ja – doch", begann sie zögerlich. „Ich habe mit dem Jugendamt bereits gesprochen, und wenn ich etwas Passendes finde, möchte ich aus der Wohngruppe ausziehen. Mich hält da nichts mehr."

„Komm mal mit", sagte Frau Schuster, schloss die Ladentür ab und ging quer über den Hof zum Haus der Schusters. Mühsam keuchte Frau Schuster die Stufen bis ins Dachgeschoss hoch. Anna folgte ihr. Sie war zwar schon oft im Haus der Schusters, aber nie weiter als bis zum Erdgeschoss. Frau Schuster hielt sich an der obersten Treppenstufe schwer atmend am Geländer fest und wartete darauf, dass sich ihr Puls wieder beruhigte. Sie schloss eine weiß gestrichene Tür neben der Treppe auf.

„Geh ruhig rein und schau dich um", forderte sie Anna freundlich auf. Diese trat vorsichtig in den kleinen Flur, von dem rechts zwei kleine Zimmer abgingen und blieb mit offenem Mund im ersten Zimmer stehen. Auf der gegenüberliegenden Seite waren eine kleine Küche und ein Bad mit Dusche. Alles war frisch renoviert und sah freundlich und einladend aus.

„Das ist Steffens Junggesellenwohnung, die seit seiner Heirat leer steht. Wir haben sie kürzlich renovieren lassen und haben vor, sie zu vermieten."

Anna konnte sich gar nicht satt sehen, und in Gedanken sah sie ein paar Möbel, die sie zu den bereits vorhandenen noch brauchte, schon an Ort und Stelle stehen. Fragend blickte sie Frau Schuster an.

„Du musst nur ja sagen, dann kannst du sofort einziehen. Und wir ersparen uns Inserate. Außerdem haben wir dich lieb gewonnen und würden uns freuen, dich im Haus zu wissen und nicht irgendeinen Fremden."

Anna konnte vor Freude nichts sagen. Sie umarmte Frau Schuster und stammelte ein leises „Gerne!" Diese Art Emotion kannte Frau Schuster nicht von Anna, und sie umfasste das zerbrechliche, kleine Wesen und drückte es an ihren Busen.

Beglückendes

Nach Feierabend zog Anna durch die Kaufhäuser. Mit viel Liebe kaufte sie alles, was ihr in der Wohnung noch fehlte, und vier Wochen später lud sie die Schusters zu einem duftenden Einweihungsessen ein. Sie hatte gekocht, ein Menü aus Vorsuppe, Hauptgang und Nachspeise. Das Schustersche Haus duftete nach Braten und Klößen, Rotkohl und Schokoladencreme. Die Schusters waren begeistert und hatten das Gefühl, zu ihrem Sohn eine Tochter gewonnen zu haben.
Herr Schuster zog sich mehr und mehr aus dem Geschäft zurück. Er konnte sich auf Anna hundertprozentig verlassen. Selbst als er zu einer Operation und einer anschließenden Reha musste, zu der Frau Schuster unbedingt mitfahren wollte, gelang es ihr, den Verkaufsladen mit mehr Umsätzen zu führen. Für die Gärtnerei hatten die Schusters zwei junge Männer eingestellt, die Anna als Chefin respektierten und unterstützten, wo sie konnten. Anna bedankte sich mit selbstgebackenen Kuchen und Keksen, und sie war stolz auf sich und ihre Jungs.
Anna band einen Kranz und war so damit beschäftigt, dass sie gar nicht merkte, dass ein Kunde den Laden betreten hatte. Erst als jemand sagte: „Hätten Sie mal einen Augenblick Zeit für mich?", schaute sie irritiert auf. Zwischen hochgewachsenen Palmen und Gummibäumen, unmittelbar vor den blauen Iris', den lachsfarbenen Rosen und den gelben Gerbera, stand ein junger Mann mit dunkelbraunen Augen, einem Oberlippenbart und einem bezaubernden Lächeln. Er strahlte Anna an. „Na, so was", bemerkte er erstaunt. Sein Blick glitt von Annas Kopf abwärts, bis zu ihren Füßen. Anna war ebenso er-

staunt und betrachtete den Kunden ebenfalls interessiert. Er war wie sie kleinwüchsig. Und er war sogar noch wenige Zentimeter kleiner als sie. Anna hatte nie an so etwas geglaubt, an die Liebe auf den ersten Blick, und doch hatte sie der Pfeil Amors mitten ins Herz getroffen.

Der geheimnisvolle Kunde schaute regelmäßig vorbei, kaufte eine Rose, die er Anna nach dem Bezahlen schenkte. Es dauerte nicht lange, bis Anna und Tommy sich verabredeten.

Familie Schuster verfolgte die wachsende Liebe zwischen den beiden mit stiller Freude. Nach einem Jahr heirateten sie, und Tommy zog zu Anna in die „Puppenstube".

Anna lag auf der Couch, die Augen geschlossen, die Hände über dem Bauch gefaltet. „Tommy, holst du bitte den kleinen Koffer? Ich glaube, es ist soweit." Tommy legte seine Zeitung zur Seite, half seiner Frau aufzustehen und nahm vorsichtig ihre Hand. In der anderen Hand hielt er den Koffer, der seit Tagen bereitstand. Ein Abenteuer stand beiden bevor: die Geburt ihres ersten Kindes.

Beglückendes

Susanne Brandt:
Gretas Geschenke

W enn Greta den großen Korb aus dem Schuppen holt, ist es soweit. Noch weht ein kalter Wind über den Deich. Aber bald wird es den Schafen zu warm unter ihrem dicken Fell. Das ist die Zeit von Schafscherer Piet. Er kommt, wenn im Mai das frische Gras aus der Erde sprießt. Und wenn er mit dem brummenden Schermesser durch die zottelige Wolle fährt, singt er Lieder dazu. Piet mag seine Arbeit. Greta steht dann mit ihrem großen Korb schon bereit. Sie schaut zu, wie die Wolle in weichen Wolken zu Boden fällt. Schöne Wolle zum Filzen und zum Spinnen, zum Stricken und zum Weben. In Gretas Korb ist eine Menge Platz dafür.

„Viel Wolle in diesem Jahr!", staunt Greta und strahlt Piet an. „Ich werde mir eine kuschelige Decke daraus filzen. Damit kann ich mich abends am Deich auf die Bank setzen. Solange, bis die Sonne im Meer untergeht."

Greta muss den Korb nicht weit tragen. Ihr Haus steht ganz nah am Wasser. Sie schüttet die Wolle auf den Küchenfußboden. Da ist Benno, ihr Hund, gleich zur Stelle. Benno ist noch jung. Der weiß mit allem etwas anzufangen. Aber ein spielender Hund hat jetzt in der Küche nichts zu suchen. Greta schickt ihn in den Flur und schließt die Tür. Sie braucht Zeit und Ruhe, um die vielen kleinen Grashalme und Stöckchen aus der Wolle zu zupfen. Dann erst wird die Wolle in einer riesigen Wanne eingeweicht und gewaschen. Am nächsten Morgen scheint die Sonne. Da kann sie ihre Arbeit gut im Garten fortsetzen. Die Decke, die Greta filzen will, soll ganz bunt werden. Greta schleppt mehrere große Töpfe herbei. Sie weiß, wie aus Walnussschalen und Holundersaft, Birken- und Apfelbaumblättern verschiedene Farben entstehen. Dann verteilt sie den großen Berg aus gewaschener Wolle auf die vier großen Farbtöpfe. Einen Rest lässt sie so weiß wie er ist. Zwei Tage später kommt Piet auf eine Tasse Tee vorbei. Er findet es gemütlich, wenn Greta damit beschäftigt ist, die gezupfte Wolle behutsam zwischen zwei Brettern zu bürsten.

„Niemand streichelt die Wolle so zärtlich wie du", sagt er. Greta lacht. „Ich streichle die Wolle nicht. Ich kardiere sie." Noch am Abend deckt sie ein Wachstuch über den großen Küchentisch. Das Wasser pfeift im Kessel. Es riecht nach Kernseife. Auf dem Tisch legt Greta grüne und braune, weiße und rosa Wolle über- und nebeneinander. Es macht ihr Spaß, verschiedene Muster auszuprobieren. Sie krempelt die Ärmel hoch. Das Filzen ist eine nasse Angelegenheit. Mit seifigen Fingern knetet und reibt das das heiße Wasser in die Fasern. Ihre Hände werden ganz warm davon.

Als Greta nach vielen Stunden die fertig gefilzte Decke vorsichtig vom Küchentisch hebt, wird es draußen schon hell. Jetzt muss sie das gute Stück nur noch über der Badewanne ausspülen und trocknen lassen. Die Maitage werden langsam milder. Greta sitzt nun fast an jedem Abend auf der Bank am Deich. Die neue Decke ist groß genug, um sich bis zur Nasenspitze darin einzuwickeln. Vor ihr liegt das Meer wie ein großer leuchtender Spiegel. Manchmal setzt Benno sich dazu. Doch er bleibt nie lange. Für ihn sind die Dinge der Welt zum Spielen da. Und er hat noch lange nicht alles entdeckt.

„Bleib einen Moment, Benno", ruft Greta ihren Hund zurück. „Du kannst eben meinen Platz auf der Bank warm halten. Ich laufe schnell in die Küche und mache mir einen Becher heiße Milch. Es wird langsam kühl hier draußen. Aber noch will ich nicht schlafen gehen." Benno weiß Bescheid. Mit einem Sprung landet er auf der weichen Decke und rollt sich genau dort zusammen, wo Greta eben noch gesessen hat.

In der Küche sucht Greta nach altem Zeitungspapier und Holz, um die Glut im Herd neu zu entfachen. Sie setzt den Topf auf die warme Platte. Dann wartet sie, bis sich oben auf der Milch eine dünne Haut bildet. Als sie mit dem dampfenden Becher wieder nach draußen geht, schimmert schon die rote Dämmerung über dem Meer. Benno ist längst wieder anderswo unterwegs. Und auch die Decke liegt nicht mehr dort, wo sie gelegen hat. Ein Zipfel davon hat sich zwischen den Latten der Bank verfangen. Daneben breitet sich die Decke auf der Erde aus. Durch große und kleine Löcher in der Wolle kann Greta hier und da die Gänseblümchen im Gras erkennen. Die Löcher sehen genau so aus wie alle Löcher, die Benno manchmal beim Spielen in alte Hausschuhe oder Kissen beißt. Greta kniet sich ins Gras und stellt den Becher auf die Bank. Sie nimmt die zerbissene Decke hoch und hält sie mit ausgebreiteten Armen gegen den Abendhimmel. Durch die Löcher leuchtet das Farbenspiel der Wolken. Dazwischen gibt es Filzstücke, die noch heil sind und kein Licht durchlassen. Warme Milch vertreibt den Ärger, findet Greta. Langsam trinkt sie den Becher leer und denkt nach. Dann rollt sie die Decke zusammen und geht damit ins Haus. Unter der Lampe, die über dem Küchentisch hängt, kann sie nun alles genau betrachten. Benno hat es geschafft, seltsame Formen in den Filz zu reißen. Zwei Filzlappen zwischen den Löchern erinnern an die Flügel eines Schmetterlings. Ein großes Stück mit grünen Wollfasern sieht aus wie die Blätterkrone eines Baumes. Daneben schauen drei Zacken in Holunderrot wie winzige Zwergenmützen hervor. Plötzlich hat Greta eine Idee: Sie schnappt sich die große Schere vom Haken an der Wand und holt ihr Nähkästchen aus dem Wohnzimmer. Vorsichtig schneidet sie die heilen Stücke aus der Decke heraus. Bald liegen viele bunte Teile in verschiedenen Formen vor ihr auf dem Tisch. Greta überlegt: Die runde Form lässt sich mit einem Bändchen gut zu einem kleinen Beutel zusammenbinden. Der ausgeschnittene Schmetterling kann auf eine Haarspange genäht werden. Und die Zwergenmützen sind wie geschaffen für kleine Fingerpuppen. Hier findet sie ein Stück für eine Blumenbrosche, und dort passt die Größe genau für zwei Puppenschuhe.

Fast bis Mitternacht brennt in Gretas Küche noch Licht. Auch am nächsten Tag verlässt sie nur das Haus, um mit Benno einen Spaziergang zu machen. In die Küche lässt sie den Hund lieber nicht. Am dritten Tag holt Greta ihr Fahrrad aus dem Schuppen. Warm und weich hängt ein großer Rucksack auf ihrem Rücken. Sie radelt am Deich entlang und biegt dann ab in die Dorfstraße. Beim ersten Haus lehnt sie das Fahrrad gegen den Zaun und kramt aus ihrem Rucksack die bunte Blumenbrosche aus Filz hervor. Dann klingelt sie an der Tür von Elske Petersen.

„Hier, liebe Elske, ein Geschenk für dich". Sie hat die Brosche auf ihre Hand gelegt und streckt sie der alten Frau entgegen. „Ein Geschenk für mich?", wundert sich Elske. Ein Lächeln huscht über ihr Gesicht. Die Brosche gefällt ihr. Auf eine Tasse Tee kommt Greta gern herein. Dann aber muss sie weiter.

Im nächsten Haus wohnt eine Familie mit vier Kindern. Für die sucht sie die Fingerpuppen, die Puppenschuhe und die Haarspange aus.

Das kleine Häuschen neben der Kirche gehört einem jungen Mann. Greta weiß, dass er in einem Orchester Geige spielt. Für ihn hat sie aus Filzstreifen zwei weiche Pulswärmer genäht. Und der Lehrerin im Haus nebenan will sie ein Täschchen für ihre Lesebrille schenken.

Als Greta am Abend ihr Fahrrad wieder in den Schuppen schiebt, ist der Rucksack leer. Sie hat an elf Türen geklingelt, neunzehn Tassen Tee getrunken und siebzehn kleine Geschenke verteilt. Sie geht in die Küche und schmiert sich ein Butterbrot. Radfahren an der frischen Luft macht hungrig. Auf dem Tisch liegen noch ein paar Schnipsel und Fetzen. Den letzten Rest von der Decke will sie Benno als Spielzeug schenken. Und an Piet hat sie natürlich auch gedacht. Für den hat Greta eine Flötentasche genäht. Der singt nicht nur gut. Der kann auch wunderschön Flöte spielen.

Am Abend zieht Greta ihre Strickjacke an, klemmt sich ein Buch unter den Arm und verlässt das Haus. Sie setzt sich auf

Susanne Brandt: Gretas Geschenke

die Bank am Deich. Noch ist die Sonne nicht untergegangen.
Greta ist glücklich. Erst jetzt spürt sie, wie warm dieser Maitag
gewesen ist. An solchen Tagen braucht sie keine Decke. Langsam schlägt Greta ihr Buch auf und fängt an zu lesen. Sie liest,
bis sie im Dämmerlicht die Buchstaben nicht mehr erkennen
kann. Ein kleines Lesezeichen aus Wolle hat sie neben sich auf
die Bank gelegt. Das schiebt sie nun zwischen die Seiten. Zu
einer schönen Geschichte gehört ein schönes Stück Filz, findet
Greta. Dann geht sie ins Haus.

Susanne Brandt:
Winterspaziergang

Die Luft ist klar bei diesem Frost,
der Himmel hell und weit.
Wenn Gänse in den Süden ziehn,
dann zieht in kurzer Zeit
das ganze Jahr an mir vorbei.
Der Kopf lässt die Gedanken frei,
die borstigen und glatten,
die glänzenden und matten:

Der eine tanzt als Schmetterling,
unfassbar schön.

Ein andrer hockt mir im Genick.
und will nicht gehn.

Der dritte weiß noch nicht wohin.
Vielleicht wird er mir irgendwann
zur Seite stehn.

Ringsum das Land, weit ausgespannt –
hier scheint noch vieles offen.

Susanne Brandt: Winterspaziergang

Der Schnee knirscht unter meinem Schuh.
Und ein Gedanke singt dazu:

Warum nicht einfach fröhlich sein
und hoffen?

Ingrid Dressel:
Liebe auf den vierten Blick

Nun hatte ich es also geschafft! Mit eisernem Willen, Müsli, Tee und Zuckerverzicht hatte ich zehn Kilogramm abgenommen. Stolz betrachtete ich mich im Spiegel. Meine alten Hosen schlabberten an den Oberschenkeln. Der Busen war auch kleiner, aber das hatte mich eigentlich noch nie gestört. Hauptsache, der Bauch, dieser riesige Bauch, war fort. Über den sagte einmal ein Freund: „Mit dir kann man gut auf eine Party gehen ... Da weiß man immer, wo man sein Glas abstellen kann. Hahaha." Macht euch nur lustig, ihr Neider. Auch ihr erliegt dem Alter und euren Gewohnheiten ...

Ohne lästige Pfunde wurde ich zunehmend agil, aktiv, bewegungsfreudig. Keine Schwierigkeit, die Schuhe zu binden, beim Putzen unter den Tisch zu krabbeln, die Treppenstufen bis in den dritten Stock mühelos zu bewältigen. Nach einer Fahrradtour über vierzig Kilometer keine Erschöpfung – das war gut. Nie getragene Hosen, gekauft in illusorischer Erwartung, passten. Wenn ich nun durch die Stadt ging, ohne Schlabberlook, mich anmutig und geschmeidig wie eine Elfe bewegte, mit einem gewinnenden Lächeln, ruhten endlich wieder die Blicke der Männer auf mir. Eine Genugtuung. Ich genoss es. Genoss mich und mein Frausein in einer jugendlichen Lebensfreude und Leichtigkeit. Natürlich kam auch dies-

Ingrid Dressel: Liebe auf den vierten Blick

mal ein Spruch eines Freundes: „Jetzt musst du Gymnastik machen, damit alles fest wird. Aber bei dem Alter ..." Du Negativer! Was kümmert mich das! Ich werde schon das kriegen, was ich will. Noch einmal versuchen, aus dem Vollen schöpfen, sinnlich genießen ...

Mein Traummann stellte sich mir nebulös als Rockgitarrist dar, philosophisch feinsinnig gebildet und schlank. Am liebsten dunkelhaarig. Oder auch langhaarig. Wenn er dann noch Motorrad fuhr, war alles paletti. Aber wie stellte ich es an, so isoliert, wie ich lebte? Gut – wozu gibt es das Internet! Also chatten um jeden Preis, morgens, mittags, nachts. Den freien Markt abklopfen. Nach einer Woche wurde aus Suche Sucht. Ich hing augengerötet vor dem Monitor, tippte alberne Verse. Wenn ich eine Antwort bekam, war ich stolz.

Ein Fußballfan schien mir nicht besonders helle, war aber von unschlagbarer Offenheit und Ehrlichkeit. Gut – schlank, schwarzhaarig: Diese Komponenten stimmten. Als wir uns treffen wollten, war ihm beim Fußballspiel das Portemonnaie gestohlen worden. Mein Mitleid ließ mich ihn einladen. Der erste Eindruck bestätigte sich: Er war nicht helle. Unbefangen kann man Menschen am besten einschätzen, unbefangen weder durch positive noch negative Merkmale, unbefangen auch, ohne sich ein Bild gemacht zu haben. Doch das Internet, diese Markthalle, verleitet zu Illusionen. So war es auch bei ihm. Er kam mir nah, zu nah, und machte keinen Hehl aus seinen sexuellen Gelüsten. Jetzt reichte es! Ich schoss ihm meine erhabene Bildung an den Kopf, und verdattert zog er sich zurück. Weiter chatten. Die Ware Mensch sorgsam auf Qualität prüfen.

Beglückendes

Sämtliche Singles verkaufen sich in den rosigsten Farben, die Komponente Sex wird weidlich benutzt, während Ältere oft auf ein Foto verzichten. Warum wohl? Nach dieser ersten Erfahrung änderte ich mein Internetprofil in „seriös" und bekam von Stund an weniger Antworten. Eigentlich gar keine mehr. Also doch das Profil auf „sexy" stellen. Na ja. Ein glatzköpfiger Mann wollte mich treffen. Ich sollte dreißig Kilometer zu seinem Wohnort anreisen. Dreißig Kilometer hin, dreißig Kilometer zurück, ein bis zwei Getränke in einem Café ... Ich dachte immer, der Ritter reist zur Prinzessin? War wohl veraltet. Auf seinen Fotos stellte er sich speisend in einem Restaurant dar. Mit abgespreiztem Finger – sehr seriös. Er erkundigte sich am Telefon zunächst nach meiner Körpergröße und meinem Gewicht. Näselte, aristokratisch, angeekelt: „Ach nein. Das ist mir viel zu dick. Du siehst auf deinem Foto aber schlanker aus. Welche Kleidergröße hast du denn? Vierundvierzig etwa? Nein, ich bin schlank und will eine schlanke Partnerin. Das ist nichts mit uns." Ein Segen! Da waren mir die weite Fahrt und dieser penible Typ rechtzeitig erspart geblieben.

Eine andere Begegnung verlief nett. Wir saßen den ganzen Abend in einem Straßencafé, bis es uns nachts zu kalt wurde. Erzählten und erzählten und fanden kein Ende. Auch ein Achtundsechziger. Alte Zeiten wurden hervorgekramt. Ein Frauenversteher. Ohne Dominanz oder Geschlechterkampf. Angenehm entspannend. Er mailte, ich sei sehr charmant. Mir schien dieser Mensch wie einer der letzten Guten in unserer Industrie-/Kapitalgesellschaft. Er engagierte sich politisch, hatte einen großen Freundeskreis, eine interessante Arbeit, war schlank und sportlich. Nur leider fand ich ihn völlig unerotisch. Blümchensex. Nee, das hatte ich hinter mir. Da hatte ich mir doch mehr versprochen. Das war nicht der Prinz, den ich im Kopf hatte ... Nach vier Treffen, er hatte mich anscheinend für sich auserwählt, meldete er sich ständig. Es wurde mir zu viel. Die Klappe fiel – klack. Flucht nach vorne in eine Beziehung, weil man nicht alleine sein kann. Nee, danke! Das war's nicht.

Gleichzeitig mailte ich lustig und geistreich mit einem anderen Mann, der noch nicht mal ein Foto eingestellt hatte. Hatte das einen Grund? Ich mochte seinen feinen Humor. Dieser Mann hatte Intelligenz und Esprit. Ein Akademiker mit einem Statusberuf. Meine Freunde rieten ab. Alle. „Der kriegt doch was anderes, jüngeres. Was glaubst du denn, was der sucht? Der hat doch ganz andere Möglichkeiten! Du machst dich unglücklich!" Er schickte mir ein Foto, und ich fiel aus allen Traumwolken. Er hatte keinen Hals. Nicht, dass er ihm fehlte, er war lediglich zugewuchert von Doppelkinn und Hamsterbacken, einem speckigem Nacken. Ich hatte ihn mir schön, groß, schlank und schwarzhaarig vorgestellt – und nun dies. Wir mailten, telefonierten. Unsere Treffen kamen aus mir unerfindlichen Gründen nicht zustande. Am Telefon fiel mir auf, dass er gewohnt war, zu herrschen, wenig Widerspruch duldete. Das auch noch! Ein Machtmensch! Mein freiheitlich offener Sinn löste in ihm Ironie aus, und er spielte mit mir wie mit einem kleinen Mädchen. Vielleicht fand er mich süß, aber er nahm mich nicht ernst. Ich versuchte, ihn mir zum Prinzen zu malen. Vermied, mir sein Foto anzuschauen. Immerhin hatte er Geld, konnte mir einige schöne Urlaube bezahlen ... Aber reduziert auf eine mädchenhafte Gespielin?

Ich suchte Liebe. Das hatte sogar der erste einfache Mann direkt ausgesprochen, der nette Kumpel ebenso. Liebe passiert – oder passiert nicht. Da nutzt es nichts, Interessen abzuklären, Profile zu erstellen, sich prall sexuell zu zeigen, flotte Sprüche zu klopfen. Dieser Akademiker fragte mich, leicht zynisch, was ich denn suchte. Ich sagte: „Alles." Ich traf ihn, und immerhin sah er dann doch etwas passabler aus als auf dem Foto. Vor allem hatte er etwas. Etwas, das ich nicht beschreiben konnte. War es geistige Überlegenheit, Menschenkenntnis oder innere Stärke? Aber wohl fühlte ich mich bei ihm nicht. Es war ein Kampf für mich. Kampf zu bestehen und anerkannt zu werden. Kräftemessen, und er gewann immer. In den nächsten Tagen malte ich ihn mir schöner, immer schöner, bis ich es mir selbst glaubte. Verfestigte den einmal gedachten Gedanken zu wahrer Gedankenflut. Und schnappte über. Bildete mir plötzlich ein, er wäre es. Diskutierte lang und breit mit meinen Freundinnen, bis diese den Anrufbeantworter anschlossen, wenn ich es war. Dann diskutierte ich mit deren Anrufbeantworter. Zum Glück kam ich nicht auf die Idee, die Telefonseelsorge anzurufen. Es machte mich irre. Festgebissen. Das war mein Prinz! Das musste er sein! Er empfand das eher nicht so, witzelte weiter per Mail, und manchmal fühlte ich mich verarscht. Zum Glück hatte ich sein Foto längst gelöscht, so dass ich nicht in der Lage war, zu relativieren ...

Aus Ablenkung traf ich mich weiter mit dem Achtundsechziger, genoss seine Aufmerksamkeit, sein liebevolles Zuhören. In einer Disko, bei mir zu Hause, bei ihm zu Hause, in dem Café. Abende voller Harmonie. Er hatte ein hübsches Lächeln, ein angenehmes Wesen, und dick war er auch nicht. Verliebt in den Zyniker, hatte ich keine Hemmungen. Verhielt mich natürlich, ohne Spielchen. Und das machte mich glücklich. Ich wurde akzeptiert, so wie ich war. Das hatte ich seit Jahren nicht mehr erlebt.

Nun war ich seltsam durcheinander. Musste ich da etwas revidieren? Tagelang saß ich halb träumend, halb grübelnd im Wohnzimmer herum.

Nein, nein, nein – egal, was meine Freunde sagen! Egal, was die Zukunft bringen würde. Ich konnte nicht anders. Mein Herz brannte, wenn ich an diesen dicken Menschen dachte. Nicht an sein Äußeres, das verblasste. Das war es nicht, was ihn ausmachte. Wir mailten täglich, manchmal zwei-, dreimal. Und mittlerweile denke ich, nein, das war nicht er mit den Machtkämpfen. Es war meine eigene Unsicherheit. Ich schrieb, ich suchte einen starken Mann. Und das war nicht der klammernde Frauenversteher. Nein, das war *er*. Ganz eindeutig! Liebe durch das Internet? Soll es geben, wäre aber sehr seltsam, sehr, sehr seltsam. Prozentzahl? So rufe ich keinen meiner Freunde jemals wieder mit dieser Situation an.

Ich höre auf mein Herz. Basta!

Silke Heichel:
Die Suche nach dem Glück

Glück ist gar nicht mal so selten", das wusste schon Clemens Brentano[2]. Und wenn man ihm glaubt, kann man es überall finden. Aber wie sieht Glück aus? Wie erkennt man es? Was ist Glück überhaupt?

Glück ist, wenn man die Liebe seines Lebens trifft. Glück ist ein strahlendes Brautpaar. Frisch gebackene Eltern strahlen das pure Glück aus. Glück ist das Lächeln eines Kindes. Glück ist ein Tag voller Sonnenschein, aber auch ein Regentag, weil man dann ohne schlechtes Gewissen zu Hause bleiben und auf der Couch sitzen kann. Glück ist, wenn der volle Kaffeebecher nicht um- und auf die Akte kippt, die ich gerade bearbeite. Glück ist, an einem Haus vorbeizugehen und keinen herabfallenden Dachziegel auf den Kopf zu bekommen. Glück ist ein Lottogewinn. Aber wenn nun ein Lebensmüder an dem Haus vorbeiging, der wird sich ärgern, dass der Ziegel ihn verfehlte und denken: Was für ein Pech! Und wenn der Lottogewinner den Jackpot mit vielen anderen Gewinnern teilen muss, so dass am Ende eine Zwiebelsumme – also ein Betrag,

---

2   Anmerkung der Herausgeberin Clemens Brentano hieß eigentlich Clemens Wenzeslaus Brentano de La Roche (1778 bis 1842). Er war ein deutscher Autor und einer der Hauptvertreter der Heidelberger Romantik. Brentano studierte in Halle und Jena und pflegte intensive Kontakt zu Herder, Goethe und Schlegel.

der ihm die Tränen in die Augen treibt – übrig bleibt, ist der Gewinn wohl auch nur zweifelhaftes Glück. Was der eine als Glück empfindet oder empfinden würde, mag für den Betroffenen ein Unglücksfall sein. Aber selbst ein Unglücksfall kann sich als Glücksfall entpuppen. Auch die umgekehrte Variante ist möglich. Glück ist, seinen Flieger noch zu kriegen; aber es kann auch Glück sein, ihn verpasst zu haben, wenn man später erfährt, dass er abgestürzt ist. Glück kann uns offen begegnen, aber auch ohne, dass wir jemals davon erfahren. Kann Glück wirklich jeden treffen oder gibt es Menschen, die auf der Schattenseite des Lebens stehen und niemals Glück erfahren? Ist Glück nur Zufall? Oder sind Glück und Unglück nur Illusion, weil eigentlich alles Schicksal und vorherbestimmt ist? Kann es bei Vorherbestimmung dieses Phänomen, das wir Glück nennen, überhaupt geben? Der Dachziegel ist nur ein Fall von: zur falschen Zeit am falschen Ort? Dumm gelaufen eben.

Wer nicht an Glück glaubt, wer nicht glauben will, dass ihm Gutes widerfährt, der wird wohl eher den Zufall verantwortlich machen. Ein Pessimist wird automatisch alles Pech oder Unglück nennen, er wird gar nicht erwägen, dass auch ein vermeintlicher Unglücksfall ein Glücksfall sein kann.

Glück hat etwas mit Glauben oder zumindest mit Aberglauben zu tun. Sonst bräuchte manch einer ja keinen Glücksbringer. Wer einen Talisman hat oder auf ihn baut, glaubt daran, dass er ihm hilft. Zweifler werden damit eher kein Glück haben. Aber funktioniert das? Kann ein Gegenstand – oder was sonst als Talisman dient – wirklich Glück bringen? Und wenn es so ist, warum versagt er manchmal? Warum bringt er nicht immer Glück? Ist es eher so, dass man im Moment der Wirkung fest daran glaubt? Vielleicht ist man in einer Prüfungssituation mit einem Glücksbringer entspannter und kann deshalb die richtigen Antworten geben. Aber natürlich hat es auch etwas für sich, wenn man im Falle des Scheiterns etwas oder jemand anderes als sich selbst verantwortlich machen kann. Ein wirkungsloser Glücksbringer bietet sich an!

Glück ist relativ. Glück ist Einstellungssache und individuell. Für jeden bedeutet Glück etwas anderes. Jeder empfindet Glück anders. Uns kann noch so viel Glück zu Teil werden, wenn wir es nicht als solches empfinden, können wir es nicht erfahren und werden niemals sagen: Ich bin ein Glückspilz. Glück ist, wenn dieser Text eines Tages in einem Buch zu lesen ist. Oder ist es Zufall? Oder Schicksal? Und wenn mein Text durchfällt, habe ich Pech gehabt? Weil viel bessere Texte eingereicht wurden?

Ich glaube an das Glück, aber auch an Schicksal. Schließt das eine das andere nicht aus? Ich persönlich halte den Zufall für fragwürdig. Aber wer weiß, vielleicht sind Glück und Zufälle ja sogar vom Schicksal vorherbestimmt. Glück ist ein wundervoller Moment oder ein ganzes Leben voll solcher Momente. Glück meint ein einmaliges, einzeln betrachtetes Ereignis – eben den Glücksfall – oder die Verkettung mehrerer solcher Ereignisse – eine Glückssträhne –, aber durchaus auch ein „Endprodukt", ein Ziel, auf das man hinarbeitet und das man im besten Fall irgendwann erreicht. Und wie schafft man das? Wenn man wenige dieser Glücksfälle im Leben hat, wie kann

man dann erwarten, irgendwann das Glück als Ziel zu erreichen? Indem man daran glaubt, indem man etwas dafür tut.
Denn: „Jeder ist seines Glückes Schmied". Jeder allein ist für
sein Glück verantwortlich. Dafür, es zu erkennen, wenn es uns
förmlich in die Nase kneift, und dafür, etwas zu tun, um es zu
bekommen. Jeder selbst muss etwas tun für sein Glück. Nur
jeder selbst kann etwas dafür tun. Manchmal erwischen wir
uns dabei, unser Glück oder Unglück von einem anderen
Menschen abhängig zu machen. Doch nur von uns hängt es
tatsächlich ab. Je nachdem, wie wir damit umgehen. Wir selbst
entscheiden, ob wir Glück haben, wie oft wir es haben und ob
wir glücklich sein wollen.
Clemens Brentano hatte Recht. Glück ist überall. Es ist überall
zu finden und überall zu sehen. Glück kann jeden treffen, sogar aus heiterem Himmel. Mit dem bloßen Glauben daran.

Bild 4: Birgit Eckhoff – *Regenbogen*

Bild 5: Birgit Eckhoff – *Glück*

Silke Heichel:
Ein Glücksgedicht

Manch ein Mensch
wartete
sein Leben lang
aufs Glück
und sah es nie
direkt vor seiner Nase stehn!
Was bin ich für ein Glückspilz,
hätte er gedacht,
hätte er die Augen aufgemacht
und es nur einmal gesehn!

Monika Heil:
Der blaue Stein

Als er den Stein entdeckte, wusste er, dies war ein ganz besonderer Fund. In deprimierter Stimmung war er die Dorf-straße entlang Richtung Wald geschlendert. Für die gelben Rapsfelder und das satte Grün der Wiesen hatte er keinen Blick. Die Schönheit der Landschaft, die würzige Frühlings-luft, das Zwitschern der Vögel, nichts erreichte seine Sinne. Die Augen auf den staubigen, schmalen Pfad gerichtet, ging er in Gedanken verloren dahin.

Vor einer Stunde war die Beerdigung gewesen. Fast hundert Jahre war die Großmutter geworden, und genauso alt war die kleine Kate, in der sie gelebt hatte und gestorben war. Sie hatte ihm nichts hinterlassen als die Erinnerung an eine wunderba-re Kindheit, die er hier verbracht hatte. Lange war das her. Aber diese Zeit hatte ihn geprägt. Großmutters Märchen- und Sagenwelt hatte ihn eingefangen. Als er in die Großstadt zog, auf eigenen Füßen stehen wollte, war aus ihm ein verträumter stiller Einzelgänger geworden.

„Er spinnt", flüsterten die Nachbarn ein wenig spöttisch. Freunde hatte er keine. Wenige Bekannte und das einzige Mädchen, in das er sich bisher verliebt hatte, blieben ihm nicht dauerhaft erhalten. Er war unglücklich, fühlte sich nicht wohl in seiner Haut, ohne dass ihm dies so richtig bewusst war. Da

Monika Heil: Der blaue Stein

lag der blaue Stein. Keramik? Glas? Das Bruchstück eines Gefäßes? Er dachte nicht darüber nach. Er bückte sich und rieb den Staub von dem Stein, der nun in einem wunderbaren Blau aufleuchtete. Rund und anschmiegsam lag er in seiner Hand. Er wusste es einfach, dies war ein besonderer Stein und Großmutters Vermächtnis.

Als er sich aufrichtete, vernahm er das Tirilieren der Vögel, sah die Buntheit der Natur. Tief atmete er die frische Frühlingsluft ein. Langsam machte er sich auf den Heimweg. Ein paar Tage später war er wieder in der Stadt und ging, wie jeden Morgen, zur Arbeit. Er hatte sich in einer nicht erklärbaren Anwandlung von Frühlingsstimmung einen neuen Anzug gekauft. Die Verkäuferin hatte ihm dazu eine farbenfrohe Krawatte ausgesucht. Heute trug er beides. Er betrat das Büro, die alte Aktentasche in der einen, seinen Glücksstein in der anderen Hand. Ein ungewohnt lautes und freundliches „Guten Morgen" ließ die Kollegen erstaunt aufblicken. Die Damen lächelten. „Chic", murmelte eine. Er setzte sich an seinen Schreibtisch und legte den Stein neben das Telefon. Niemand beachtete es.

Die Wochen vergingen. Im Lauf der Zeit begann langsam, fast unmerklich, die Veränderung. Dem neuen Anzug folgte ein modischer Aktenkoffer. Im Sommer machte er seinen Führerschein und kaufte ein kleines, sportliches Auto. Zur ersten Ausfahrt lud er Britta ein, eine junge Kollegin. Sie sagte sofort zu. Er war nicht mehr der Einzelgänger, der Träumer. Er war ein moderner junger Mann mit Auto und einem blauen Glücksstein. Sie fuhren durch den hellen Sommertag, genossen die Landschaft, sprachen nicht viel. Aus einem Impuls heraus zeigte er ihr den Stein. Sie reagierte nicht, hatte kein Interesse an solchen Märchen. Da wurde er wieder wortkarg und steckte den Stein weg. Kurz darauf fuhren sie zurück. Er lud Britta nie wieder zu einer Autofahrt ein.

Inzwischen war er befördert worden. Sein Schreibtisch stand nun allein in einem schönen, modernen Büro. Statt eines Fotos lag ein kleiner blauer Stein als Blickfang neben dem Telefon. Abends nahm er ihn mit nach Hause in seine hübsche kleine Wohnung, die er sich geschmackvoll eingerichtet hatte.

Eines Abends saß er in seinem Lieblingssessel, hörte Musik und träumte vor sich hin, als es klingelte. Britta stand vor der Tür. Kurz darauf saß sie ihm weinend im Wohnzimmer gegenüber und berichtete. Sie hatte Firmengelder zur Bank bringen sollen, die Tasche auf das Autodach gelegt und war gestartet. Als ihr die Geldtasche einfiel, war diese natürlich längst weg. Das war vor zwei Stunden gewesen. Inzwischen hatte sie den Weg mehrfach abgesucht, das Geld blieb verschwunden.

„Kommst du mit, das Geld noch einmal suchen und nimmst deinen blauen Glücksstein mit?", rückte sie endlich mit der Sprache heraus. Er reagierte erst zornig, dann traurig. Sie hatte nichts verstanden. Man konnte einen Glücksstein nicht herausfordern. Dennoch griff er nach seinem Mantel und begleitete sie - vergeblich. Das Geld war unauffindbar. Sie gingen auseinander.

„Er ist doch ein Spinner, der mit seinem Glücksstein", dachte Britta und drehte sich nicht mehr um. Am nächsten Morgen war er der Erste im Büro. Er warf einen Blick in die Tageszeitung. Ein Geräusch an der Tür forderte seine Aufmerksamkeit. Dort stand ein junges Mädchen, das ihn neugierig ansah.

„Endlich ein Mensch in diesen leeren Hallen", lachte sie, trat näher und legte schwungvoll eine Geldtasche auf seinen Schreibtisch. Was sie berichtete, nahm er kaum auf. Er sah nur ihre strahlend blauen Augen, die seinem Blick offen standhielten.

Laura war Studentin und verdiente sich ein bißchen Geld durch Putzen. Nachdem sie gestern Abend die Büroräume sauber gemacht hatte, hatte sie es eilig, denn sie wollte den letzten Bus erreichen. Da sah sie eine Geldtasche im Schmutz liegen. Sie wusste, dass um diese Uhrzeit niemand mehr in der Firma war. Also nahm sie ihren Fund mit nach Hause und nun war sie hier, um ihn abzuliefern. Dem Erstbesten, dem sie begegnete, legte sie die Tasche auf den Schreibtisch. Er bat sie zu warten. Schnell brachte er das Geld in das Büro der Kollegin. Vergnügt pfeifend, die Hände in den Hosentaschen, ging er zurück. Dabei berührten seine Finger den Stein. Er dachte an die blauen Augen des Mädchens und lächelte. Laura war noch da. Sie ging erst nach einer Stunde.

Am Sonntag fuhren sie gemeinsam aufs Land. Er brachte Laura in das Haus seiner Kindheit, erzählte von seiner Großmutter, ihren Märchen und Sagen und am Ende auch von dem blauen Stein. Sie wollte ihn sehen.

„Heb' ihn gut auf", riet sie ihm. Er sah lange in ihre Augen und lächelte. Er wusste Besseres.

Nach dem Essen saß Laura in Großmutters kleiner Stube, ein Märchenbuch auf dem Schoß und las. Er ging allein hinaus und langsam auf den Wald zu. Dort blieb er stehen und holte den blauen Stein hervor. Mit geschlossenen Augen warf ihn mit aller Kraft von sich weg, ohne zu beachten, wo er aufschlug. Vielleicht lag er in der Sonne blitzend und ein Wanderer hob ihn bald auf. Vielleicht hatte er sich in den weichen Sand gebohrt und würde erst nach vielen Jahren gefunden, von jemanden, der (wie er) die Kraft des Steins und des Glaubens an sich selbst erkannte. Ihm war es egal. Er brauchte diesen Stein nicht mehr.

Als er zurückkehrte, saß Laura noch immer an dem gleichen Platz, versunken in die Geschichte, die sie las. Dann blickte sie auf, ihre blauen Augen blitzen wie Glückssterne, und er wusste: Großmutters Vermächtnis hatte sich erfüllt.

Monika Heil:
Glück

W as ist das – Glück?
Glück ist Utopie,
Glück ist Phantasie.

Erfüllte Wünsche
sind nicht Glück,
sind vielleicht Schlaraffenland.
Glück ist eine kleine Hand.

Glück ist Anspruch,
Glück ist Schmerz.

Erfüllte Wünsche
sind nicht Glück,
sind vielleicht Zufriedenheit –
schon sehr viel in dieser Zeit.

Sandra Hlawatsch:
Der Schwarze Gustav

An manchen Abenden in der Woche, wenn mich das Büro in einem noch brauchbaren Zustand ausgespuckt hat, mache ich mich nicht – wie sonst – auf den Heimweg. Es zieht mich an einen geheimen Ort. Eine Kammer unter dem Dach, mit einem winzig kleinen Fenster. Wenn ich eintrete, begrüßen mich die letzten Sonnenstrahlen. Ich sperre die Tür hinter mir zu – und atme auf! Hier bin ich vor der lärmenden Großstadt sicher, hier bin ich im Exil der Stille. Nur ich habe einen Schlüssel. Niemand kann kommen und mich stören. Jetzt gehöre ich nur mir! Ich horche in mich hinein. Da ist sie wieder, diese Stimme, die ich sonst nirgends auf der ganzen Welt so klar vernehme. Ich bin allein, aber nicht einsam. Im Alleinsein bin ich mit mir eins. In der Einsamkeit habe ich mich entzweit – das passiert mir nur, wenn ich zu lange unter Menschen bin. Das Ritual beginnt: Ich wasche mir die Hände, dann beiße ich solange von meinem Butterbrot ab, bis mein Bauch zufrieden ist und mich in Ruhe lässt. Ich koche mir eine Tasse Tee, zünde eine Kerze an und setzte mich nieder – er wartet schon: der Schwarze Gustav. Als ich ihn zum ersten Mal sah, dachte ich: Wie ein Sarg! Doch als ich mich dann noch einmal umdrehte, konnte ich meinen Blick gar nicht mehr von ihm abwenden: Was für ein bildhübscher Kerl, wie er da so elegant steht – auf

Sandra Hlawatsch: Der Schwarze Gustav

allen Vieren! Es war sozusagen Liebe auf den zweiten Blick –
und das ist auch gut so, denn sie währt länger, zumindest bei
mir. Das Beste an ihm ist jedoch sein Rücken: Er trägt es geduldig, wenn ich darauf stundenlang meine Seele ausbreite
und sie in aller Ruhe betrachte. Ja, er klagt nicht, wenn ich ihn
vergesse, während ich mit der Feder übers Papier kratze ...
Irgendwann erwache ich wie aus einem Traum: Meine Finger
sinken herab, ich lehne mich zurück, bin erschöpft. Die Kerze
ist fast heruntergebrannt und mahnt mich zum Aufbruch – es
ist kurz vor Mitternacht. Ich betrachte das Bild mir gegenüber:
Eine Laterne unter einer alten, würdevollen Linde. Der kleine
Park oben bei der Prager Burg liegt vor mir, als sähe ich aus einem Fenster. Und schon ist mir, als würde soeben mein lieber
Freund auf einem seiner nächtlichen Spaziergänge vorüberge-
hen und mich grüßen, indem er seinen Hut zieht und mir zu-
lächelt. Ein letztes Mal noch lese ich Zeile für Zeile. Wenn es
mir gelungen ist, Worte zu finden für das, was mir nur schwer
über die Lippen kommt, dann bin ich glücklich.
Ich laufe leicht und beschwingt durch die unbelebten Straßen
nach Hause, als hätte ich eine Verabredung zum Tanzen.
Manchmal kommt es vor, dass eine Arbeitskollegin mich neugierig fragt, was ich abends denn eigentlich immer treibe, weil
ich so selten Zeit habe. Wahrheitsgemäß sage ich ihr: „Ich habe
ein Rendezvous mit Gustav, mehrmals die Woche!" Da blitzen
ihre Äuglein auf wie die Schneide eines Fleischermessers:
„Was? Immer noch derselbe Liebhaber?", quillt es zwischen
ihren Lippen hervor, die sich zu einem Lächeln verzogen haben. „Willst du ihn mir nicht mal vorstellen, bevor es euch zu

fad wird?" Ich habe lange dafür üben müssen, mich dümmer zu stellen als ich bin – aber jetzt gelingt es mir sehr überzeugend: „Nein, tut mir leid, das geht leider nicht, denn ich bin höllisch eifersüchtig", flöte ich honigsüß, und wie nebenbei füge ich dann noch hinzu: „Und unter uns gesagt: Er ist nicht gut zu Fuß – auf seinen Holzbeinen!"[3]

---

3   Anmerkung der Autorin – Gustavs Homepage:
     www.ikea.com/de/de/catalog/products/00070125

Bild 6: Hermann Bauer – *Xiangqi-Spieler in Peking*

Monika Kühn:
Lottogewinn

Wenn wir doch auch mal Glück hätten!", sagte meine Mutter häufig. „Wenn wir doch nur einmal im Lotto gewinnen würden!" Sie hat Zeit ihres Lebens Lotto gespielt und vom großen Geldsegen geträumt.

„Wenn ich eine Million gewinne, dann werfe ich zuerst das alte Geschirr aus dem Fenster!", pflegte sie zu sagen. Mein Bruder und ich wünschten uns ein Haus mit einem Swimmingpool und ein tolles Auto, mit dem unsere Familie sonntags durch die Gegend fahren und angeben konnte.

Mein Vater verdrehte bei diesen Spinnereien die Augen. „Sollten wir wirklich im Lotto gewinnen, dann sagen wir keinem was, sonst kommen alle und halten die Hand auf."

Aber es war ganz klar, dass meine Mutter einen Lottogewinn nie verschweigen könnte und sie das Geld und die Freude mit anderen teilen würde. Ihre drei Freundinnen würde sie auf jeden Fall bedenken – und zwar großzügig. Natürlich auch unsere Oma, obwohl die eigentlich nicht mehr so viel brauchte. Dann noch unsere liebste Tante, die Schwester meiner Mutter. Aber wenn man diese Tante bedachte, dann müsste man auch den Bruder meines Vaters beschenken, sonst gäbe es Streitigkeiten in der Familie. Dann war da noch die Großtante in Köln. Aber die hatte selbst Geld genug, und außerdem hatte

Monika Kühn: Lottogewinn

die für uns noch nie etwas abgezweigt. Und man sollte natürlich auch etwas spenden, an gemeinnützige Organisationen wie das Rote Kreuz. Oder an die Kirche. Wobei mein Vater meinte, die katholische Kirche hätte genug, man müsse einer fetten Gans nicht noch den Hintern schmieren. Das fand meine Mutter respektlos der Heiligen Mutter Kirche gegenüber, und mein Vater nahm das um des lieben Friedens willen zurück. Vor allem mussten wir aber überlegen, wie wir das Geld ausgeben würden. Erstmal würden wir ein Haus kaufen. Mit großem Garten und Bäumen und Swimmingpool. Wobei mein Vater meinte, ein Haus mit einem Swimmingpool, so wie wir uns das vorstellten, koste locker eine Million. Und ein großer Garten mache auch viel Arbeit, und wer solle die bitte schön leisten? Meine Mutter dachte an einen Gärtner, aber der schlägt natürlich finanziell zu Buche. Außerdem sollte das Haus nicht so weit weg auf dem Lande sein, weil mein Bruder und ich uns weiterhin mit unseren Freunden treffen wollten, und meine Mutter wollte auch lieber in der Stadt bleiben, um mit ihren Freundinnen einkaufen und ins Kino gehen zu können.

„Also ein Haus mit Garten mitten in der Stadt", fasste mein Vater zusammen. Nachdem der Hauskauf geklärt war, kam das Auto an die Reihe. Mein Bruder und ich schlugen einen Sportwagen vor, mit dem unsere Mutter uns morgens zur Schule fahren sollte. Aber die meinte, sie würde den Teufel tun, und wir sollten gefälligst weiter mit dem Fahrrad zur Schule fahren. Einen Landrover fanden mein Bruder und ich auch gut, damit könnten wir prima durch die Wüste fahren.

Meine Eltern wollten aber nicht durch die Wüste fahren, sie wollten lieber irgendwo in der Sonne am Strand liegen. So kam, obwohl der Wagenkauf noch nicht ausdiskutiert war, der nächste Wunsch zur Sprache: der Urlaub.

„Ich wollte immer mal eine Weltreise machen, das ist mein größter Traum", schwärmte meine Mutter. Aber mein Vater warf ein, er könne nur drei Wochen Urlaub am Stück nehmen, und außerdem sei es in den meisten Ländern schmutzig und voller Ungeziefer: In Brasilien gäbe es riesige Vogelspinnen und in Afrika die tödliche Tse-tse-Fliege und in Finnland Schwärme von Stechmücken. Davon hatte meine Mutter auch schon gehört, und so einigte man sich auf einen Urlaub am Meer. An einem sonnigen Strand. Am besten in Italien. Da könnten wir mit unserem neuen Auto hinfahren. Wir könnten in teureren Hotels wohnen und jeden Tag lecker essen gehen. Und natürlich Eis schlecken, soviel wir wollen. Vorher würden wir aber noch Neues zum Anziehen kaufen – und nicht da, wo es billig ist. Meine Mutter wollte nach Düsseldorf fahren und sich auf der Kö neu einkleiden, mit Schuhen und Handtaschen und allem. Und mein Vater würde auch einen neuen Anzug bekommen.

Der überschlug unsere Ausgaben und kam auf drei Millionen.

„Das reicht ja vorn und hinten nicht!", klagte meine Mutter. „Mit einer läppischen Million kommt man wirklich nicht weit. Da müssten wir uns mit dem Geldgeschenk an deinen Bruder aber zurückhalten."

„Wieso denn nur an meinen Bruder?"

„Ja, willst du etwa dem großmäuligen Heinz Geld geben, wo

Monika Kühn: Lottogewinn

wir vorn und hinten nicht klar kommen?"
„Und was ist mit deiner geizigen Großtante Else, die noch nie einen Pfennig abgedrückt hat?"
„Du hast Recht, die kriegt nichts! Und Heinz auch nicht."
„Was hältst du davon, wenn die ganze Mischpoke nichts kriegt?", schlug mein Vater vor. „Außerdem müssen wir die Millionen erst mal gewinnen. Hast du denn den Lottoschein abgegeben?" Eigentlich war das nur eine rhetorische Frage, aber meine Mutter wurde blass. Sie hatte am Freitag tatsächlich vergessen, den Schein abzugeben, und jetzt musste die Familie bis Samstagabend die Ziehung der Lottozahlen abwarten. Ich glaube, meine Mutter hat noch nie so inbrünstig gebetet wie an jenem Tag, dass bloß unsere Zahlen nicht kommen. Und sie kamen nicht. Es waren wieder völlig andere Zahlen, wie immer. Und so sollte es auch bleiben. Manchmal hatte meine Mutter drei Richtige, und ein einziges Mal bekam sie achtundneunzig Deutsche Mark für vier Richtige. Da hat sie unsere Familie zum Essen eingeladen und ist mit ihren Freundinnen ins Kino gegangen. Später bekam sie zu ihrer großen Freude Enkelkinder, die sie herzlich liebte. Da koppelte sie den Reichtum vom Glück ab. Sie kombinierte nicht mehr Glück und Reichtum, sondern Glück und Zufriedenheit.
So weit, so gut. Aber was ist jetzt mit mir? Ich spiele auch seit dreißig Jahren Lotto. Ich kann damit nicht aufhören, weil ich die Zahlen auswendig kenne. Nicht auszudenken, wenn ich gewänne, und ich hätte den Lottoschein nicht abgegeben. Wenn ich mir ausmale, was ich alles mit dem Geld anfangen könnte …

Martin Lindner:
Henkelmann

Manchmal muss man auch etwas Glück haben", sagt mir die Verkäuferin der GB-Cafeteria der Ruhr-Universität Bochum und reicht mir den Henkelmann[4] über den Tresen. Heute gibt es Westernpfanne mit Schweinefleisch. Ich gehe an der Kasse vorbei ohne zu bezahlen. Denn es wäre nur noch genug Essen da gewesen, um die halbe Pappbox zu füllen, hatte sie gesagt. Als ich mich hinsetze und den Deckel aufklappe, sehe ich, dass der Henkelmann sogar zu drei Vierteln voll ist. Ich nehme die Plastikgabel und fange an zu essen. Es ist etwas trocken, aber da das Essen umsonst ist, schmeckt es doch richtig gut. Meine Gedanken schweifen ab.

Manchmal muss man auch etwas Glück haben. Ich erinnere mich, wie ich als Kind auf der Kirmes beim Loseziehen einen riesigen Plüschleoparden gewonnen hatte. Meine Mutter wollte damals schon den Stand verlassen, weil wir kein Glück hatten, und dann zog ich auf einmal das Los mit den zehntausend Punkten. Das war eine Freude! Ich habe den Plüschleoparden immer noch. Er liegt in meinem Zimmer auf dem Boden. Was

---

4   Anmerkung der Herausgeberin: Ein Henkelmann war früher ein Blechbehälter, in das man sein Essen für die Arbeit packte. Heute gibt es ihn auch an einigen Universitäten. Er besteht allerdings nicht aus Blech, sondern aus Pappe.

Martin Lindner: Henkelmann

wirklich Wertvolles habe ich noch nie gewonnen: weder viel
Geld noch einen richtig teuren Gegenstand. Ich erinnere mich,
dass ich als Kind immer Hugo, die interaktive Spielshow, gesehen habe, bei der man über das Drücken von Telefontasten
den Troll sicher durch gefährliche Abenteuer bugsieren musste. Am Ende bekam der Spieler dann für die Punkte, die er ge-
sammelt hatte, einen Preis. Und zwar waren das richtig tolle,
zum Beispiel Spielkonsolen, Fahrräder oder Fernseher. Ich
habe es nie geschafft, durchzukommen. Mein Freund, der oft
bei mir war und gesehen hat, dass ich da unbedingt mitma-
chen wollte, hat sich bei mir angesteckt; er ist dann tatsächlich
durchgekommen und hat einen Fotoapparat gewonnen. Er
sagte mir, man müsse einfach eine Stunde vor der Sendung
anrufen und dann würde man für ein Spiel ausgewählt. Ich
hätte ihn umbringen können für sein Glück.
Gedankenabwesend steche ich mit der Plastikgabel in die
Pappbox hinein und ziehe ein weiteres Stück Fleisch mit etwas
Gemüse heraus. Dabei fällt mein Blick auf meinen Arm; die
Narben vom Fahrradsturz vor zwei Monaten sind noch immer
sichtbar. Das war wirklich ein schlimmer Unfall. Ich hatte
mich quer über die Straße gelegt und mir dabei den linken
Arm und die Nase gebrochen. Die Nase musste sogar operiert
werden, und der Gips am linken Arm war sechs Wochen dran-
geblieben. Ich hatte unfassbares Glück, dass ich noch relativ
heil aus der Sache herausgekommen bin, denn es hätte viel
schlimmer ausgehen können. Die Straße auf der ich fuhr, ist
nämlich recht verkehrsreich, und ich hatte auch keinen Helm
getragen. Die Ärztin, die mich behandelte, erzählte mir, vor

ein paar Wochen wäre ein anderer Fahrradfahrer bei einer Bordsteinkante gestürzt und so unglücklich gefallen, dass er starb. Er hatte nicht viel Glück gehabt. Mein Unfall passierte direkt gegenüber dem Happy Kiosk. Was für eine Ironie. Plötzlich reißt mich eine Frauenstimme aus den Gedanken: „Hallo, hast du vielleicht einen Moment Zeit?" Ich schaue auf. Mich trifft fast der Schlag. Es ist Amelie. Ich hatte im letzten Semester einen Kurs in Germanistik mit ihr gehabt: Märchen des späten 18. und frühen 19. Jahrhunderts. Ich hatte mich sofort in sie verguckt – wie ein doofer Teenager und habe fast täglich an sie denken müssen. Ich hatte aber nie den Mut, sie anzusprechen. Und jetzt steht sie plötzlich vor mir.

„Mein Name ist Amelie. Ich bin von *CT das radio*. Wir machen heute einen Beitrag über den Akademikerschwund im Ruhrgebiet. Und da wollten wir von den Bochumer Studenten wissen, wie sie das sehen. Also ob sie sich vorstellen könnten, hier zu bleiben oder was man vielleicht tun könnte, damit das Ruhrgebiet attraktiver wird für Akademiker. Würdest du dazu was sagen?"

„Ja klar", antworte ich.

„Super, danke!" Sie holt ein Diktiergerät heraus, schaltet es ein und hält es mir eine Handbreit vor den Mund. Sie lächelt mich an.

„Also, ich denke, das Ruhrgebiet ist halt nicht so attraktiv für Akademiker, weil man mit dem Pott eher so Zechen und rauchende Schornsteine verbindet. Und das Image einer Region spielt bei vielen Akademikern eben eine große Rolle. Aber das Ruhrgebiet kann viel tun, um sein Image zu verbessern, um

Martin Lindner: Henkelmann

besser mit Städten wie zum Beispiel München konkurrieren zu können, und es tut ja auch schon echt viel. Man sagt ja, das Ruhrgebiet bietet mehr Theater als der Broadway von New York. Also die kreative Szene stimmt hier schon mal. Ja, das Ruhrgebiet ist auch eine Bildungsregion mit vielen Universitäten und Fachhochschulen. Es wird viel in Bildung und Lebensqualität investiert. Ähm, Lebenshaltungskosten und Mieten sind ja im Pott oft günstiger als in anderen Regionen Deutschlands. Es wird viel getan, aber es braucht eben noch alles etwas Zeit, um sich richtig zu entfalten. Also ich würde auf jeden Fall hier bleiben wollen. Mir gefällt es gut im Pott."

Ich nicke und lächle. Das Zeichen, das ich fertig bin. Amelie schaltet das Aufnahmegerät aus und bedankt sich noch einmal bei mir.

„Ich hab auch letztes Jahr bei *CT* mein Praktikum gemacht", sage ich.

„Was, echt?"

Ich nicke. „Ich war schon lange nicht mehr dort."

„Dann komm doch mit. Ich bin jetzt fertig, habe gute O-Töne bekommen. War eine gute Ausbeute heute. Nicht zuletzt wegen dir." Sie lacht. Ich finde ihr Lachen wunderschön.

„Danke für die Blumen." Ich lächle ein wenig schüchtern. „Ja, ich bin manchmal ewig über den Campus gelaufen um gute Statements von den Studenten zu bekommen. Ist manchmal echt nervig, wenn dich einer nach dem anderen abblitzen lässt. Als wäre da was Schlimmes dran."

„Eine Entschuldigung, die ich häufig höre, ist: 'Ich hör mich nicht gern im Radio.' Da frage ich mich: 'Wann hörst du dich denn schon im Radio?'" Sie streicht sich eine Haarsträhne hinter die Ohren und lächelt mich an. „Wir haben ein neues Studio bekommen. Echt cool. NvD[5] und Moderator können sich jetzt im Studio direkt gegenüberstehen, und wir haben zwei Sprecherkabinen. Es gibt also kein Gekloppe mehr um die eine." Ich muss grinsen. „Hört sich super an. Würde ich mir gerne mal ansehen."

„Dann komm doch einfach mit mir. Siehst dann auch die alten Hasen wieder", bietet sie mir an und nickt nach links, Richtung Ausgang.

„Eine gute Idee."

„Ich freu mich! Wir haben am Freitag eine Sommerparty im 'Underground'. Dafür musste ich schon fleißig Flyer verteilen und Plakate kleben. Kommst du auch hin? Wäre toll, wenn wir uns da sehen würden."

„Bestimmt." Ich werfe den leeren Henkelmann in den Mülleimer und verlasse zusammen mit Amelie die Cafeteria.

Manchmal muss man eben auch ein bisschen Glück haben ...

---

5   Anmerkung der Herausgeberin: „NvD" ist bei *CT das radio* die
    Abkürzung für Nachrichtensprecher vom Dienst.

Bild 7: Anja Polaszewski – *Warten*

Eva Markert:
Das verhüllte Glück

Es war einmal ein Prinz, dessen Taufpatin war eine gute Fee. Sie hatte seiner Mutter einst geweissagt, dass er sich bis zum dritten Tag vor seiner Hochzeit verhüllen müsse, sonst werde er niemals glücklich werden. Deshalb hatte der Prinz immer einen nachtschwarzen und sternenbestickten Seidenmantel an, der seinen Leib vollständig bedeckte. Auch kannte niemand sein Gesicht, denn er trug stets eine Maske, und sein Haar verbarg er unter einer Kappe, die er niemals ablegte. Gerüchte durcheilten das Königreich von einem Ende zum anderen. „Er ist so schön, dass jeder bei seinem Anblick das Augenlicht verliert", raunten die einen. Andere flüsterten sich zu, dass der Prinz sterben müsse, sobald ihn jemand von Angesicht zu Angesicht sähe.

Es kam die Zeit, da er sich vermählen sollte. Der König und die Königin baten alle Prinzessinnen aus Nah und Fern zu einem großen Ball ins Schloss. Nur die drei Töchter des Erzfeindes wurden nicht eingeladen. Am Tag vor dem Fest suchte die gute Fee den Prinzen auf und sprach: „O mein Prinz, so wähle klug! Nicht nur Schönheit flicht das Band. Wahres Band flicht der Verstand."

Zum Ball erschienen viele Prinzessinnen, und alle waren wunderschön, doch der Prinz dachte an die Worte seiner Taufpatin, und keine war klug genug, um Gnade vor seinen Augen zu finden. Der König und die Königin wurden ungeduldig. „Wir sind alt", sagten sie, „und du sollst bald das Zepter übernehmen. Wir wollen in der Gewissheit sterben, dass der Thron fortbestehen wird."

Der Prinz entsann sich wieder dessen, was die Fee ihm geraten hatte und erwiderte: „So gewährt mir eine Bitte: Lasst nach den drei Töchtern des Erzfeindes schicken, deren Schönheit und Klugheit man allerorten rühmt. Ich werde ihnen drei Fragen stellen. Wenn eine von ihnen die Antworten weiß, will ich sie zur Frau nehmen." Schließlich gaben der König und die Königin nach. Sogleich wurden Boten zu den drei Jungfrauen gesandt, und als die Mädchen eintrafen, führte man sie unverzüglich zum Gemach des Prinzen. Die älteste Schwester trat als Erste ein.

„Wenn du meine Gemahlin werden willst", sprach der Prinz, „so sage mir, von welcher Farbe mein Haar ist." Dabei strich er mit der Hand über seine Kappe. Aufs Geratewohl riet das Mädchen: „Dein Haar ist blond."

Der Prinz schüttelte den Kopf und ließ die zweite Schwester eintreten. „Sage mir, von welcher Farbe mein Haar ist", sprach er und strich mit der Hand über seine Kappe.

„Ist es rot? Oder braun?", fragte das Mädchen.

Der Prinz schüttelte wieder den Kopf, seufzte und ließ die Jüngste eintreten. Sie war lieblich wie ein Sommermorgen mit himmelblauen Augen und sonnengoldenen Locken.

„Sage mir, von welcher Farbe mein Haar ist", sprach der Prinz und strich mit der Hand über seine Kappe. Das Mädchen bemerkte, dass der Ärmel seines Mantels dabei hochrutschte und einen Teil des Unterarms entblößte, der mit dunklem Flaum bedeckt war. „Euer Haar, mein Prinz, ist dunkel", antwortete sie. Da nahm der Prinz seine Kappe ab, und Haar so dunkel wie türkischer Mokka fiel auf seine Schultern.

„Und kannst du mir auch sagen, von welcher Farbe meine Augen sind?", fragte er weiter.

„Nun", erwiderte das Mädchen, „die meisten Menschen mit dunklem Haar haben dunkle Augen. So auch Eure Eltern. Darum, mein Prinz, denke ich, dass Eure Augen ebenfalls dunkel sind."

Da nahm der Prinz seine Maske ab, und seine Augen waren so schwarz wie Bitterschokolade.

„Und nun stelle ich dir die schwierigste Frage", fuhr er fort. „Ich hoffe sehr, dass du sie beantworten kannst, denn ich habe Gefallen an dir gefunden. Was trage ich unter meinem Mantel?"

Das Mädchen starrte auf des Prinzen Mitte. „Ei", sprach es, „man möchte glauben, Ihr trügt ein lebendiges Tier unter Eurem Gewand, sehe ich doch, dass sich dort etwas bewegt zwischen Euren Schenkeln."

Der Prinz blickte an sich herunter, und wo sie gesagt hatte, war tatsächlich etwas gewachsen, was gar vorwitzig aus dem Mantel hervorlugte. Erneut fragte er: „So sprich: Was habe ich unter meinem Mantel an?"

„Da Ihr, mein Prinz, gewiss kein Tier am Leibe tragt", erwiderte das Mädchen, „denke ich, dass Ihr unter Eurem Gewand nichts anhabt." Da löste der Prinz mit einem Griff die Schärpe, der nachtschwarze und sternenbestickte Seidenmantel glitt von seinen Schultern, und er stand vollständig entblößt vor ihr.

Drei Tage später wurde die Vermählung gefeiert. Der König und die Königin waren überglücklich und luden vor lauter Freude sogar den Erzfeind zum Hochzeitsball ein. Alle im Königreich bewunderten die Schönheit und Klugheit des Prinzen und seiner Braut. Beide hatten seidene Festgewänder angelegt, die über und über mit Sternen bestickt waren.

Von Stund' an hüllte sich nicht nur der Prinz, sondern auch seine Gemahlin nur noch in Seidenmäntel. Was sie darunter trugen, blieb ihr Geheimnis. Und so lebten sie glücklich bis ans Ende ihrer Tage.

Angie Pfeiffer:
Lebensqualität

Seit drei Tagen Dauerregen und kein Ende abzusehen! So habe ich mir die schwer erkämpften freien Tage auf dem Campingplatz nicht vorgestellt. Ich träumte von Sonnenstrahlen, die mich wach kitzeln, dem ausgedehnten Frühstück auf der kleinen Terrasse, Eiskaffee am Nachmittag und lauen Abenden mit Rotwein und Kerzenschein – das ist Glück.

Frustriert mache ich mich während einer Regenpause für die nachmittägliche Pflichtrunde mit den Hunden fertig. Heute bin ich schon zweimal nass bis auf die Knochen geworden. Denn ich habe, Optimistin, die ich bin, beim Gassigehen auf einen Regenmantel und die Gummistiefel verzichtet. Das passiert mir nicht noch einmal, also ab in die Regenkluft und los geht's. Die Dackel schauen mich missmutig an, denn selbst sie scheinen keine Lust zu haben im Regen herumzutappen. Doch darauf werde ich keine Rücksicht nehmen, und nach einem kräftigen Ruck an der Leine folgen sie mir unwillig durch die kleine Pforte auf den dusteren Waldweg. Hier tropft es von jedem Ast, von jedem Blatt. Selbst die Bäume sehen traurig aus. Im Gehen sinniere ich vor mich hin. Wieso bin ich nur auf die dämliche Idee gekommen, ausgerechnet hier Urlaub zu machen? Das ist ja wieder typisch. Kaum bin ich da, regnet es in Strömen. Was will ich eigentlich in diesem kleinen Kaff mit seinen spießigen Einwohnern, und was will ich auf einem Campingplatz!?

Ich wollte einmal die Welt erobern, wollte alle großen Städte sehen, jeden Tag Action haben und mich niemals langweilen. Wollte von der Golden Gate Bridge spucken, sehen, wie der Sonnenuntergang den Ayers Rock blutrot färbt, wie Marilyn im gelben Regenmäntelchen unter den Niagarafällen posieren und wie in einem Agatha-Cristie-Roman stilgerecht auf dem Nil kreuzen. Die große weite Welt erobern und dort mein Glück suchen!

Und jetzt sitze ich im Harz in einem verdammten Regenloch! Wir sind an einem kleinen, verschwiegenen See, mitten im Wald angekommen. Ganz in Gedanken habe ich einen unbekannten Weg eingeschlagen, hier war ich noch nie. Wie friedlich es ist. Eine kleine Holzbrücke führt über das Wasser, und ich bleibe mitten auf der Brücke stehen, lehne mich auf das Geländer und versinke weiter im Selbstmitleid. Ich wollte die Welt sehen, jeden Tag Action haben – das ist Lebensqualität!

Plötzlich geschehen mehrere Dinge auf einmal: Die Wolkendecke reißt auf, und ein glitzernder Sonnenstrahl lässt das Wasser silbern glänzen. Gleichzeitig spiegeln sich die umliegenden Bäume darin, bewegen sich sanft in den kleinen Gluckerwellen, die auf dem See schaukeln. Ein dicker Karpfen streckt sein rundes Kussmaul aus dem Wasser, er scheint mir zuzuzwinkern, und eine Entenmama kommt mit ihren puscheligen Küken unter der Brücke hervor. Die Kleinen scheinen die ersten Schwimmversuche zu machen und bemühen sich, ganz dicht bei der Mutter zu bleiben, purzeln fast übereinander.

Unwillkürlich muss ich lächeln, schaue erst auf das Schauspiel, und dann fällt mein Blick auf die Dackelgang. Die zwei sitzen nah zusammen, schauen zu mir hoch und lächeln mich an, jedenfalls sieht das so aus.

Und plötzlich weiß ich, dass ich alles richtig gemacht habe. Sicher ist es aufregend und toll, die große, weite Welt zu sehen, aber das hier ist meine kleine, heile Welt, mein Ruhepunkt im manchmal so hektischen und aufreibenden Alltag – und das ist mein ganz persönliches Glück!

Nachtrag: Von der Golden Gate habe ich noch nicht gespuckt, doch alles andere schon ausprobiert. Trotzdem schließe ich mich Dorothy[6] an, wenn sie sagt: „Am Schönsten ist es doch daheim." Und rote Schuhe habe ich auch …

---

6   Anmerkung der Autorin: Gemeint ist das kleine Mädchen Dorothy Gale aus „Der Zauberer von Oz", Kindererzählung des US-amerikanischen Autors Lyman Frank Baum (1900).

Bild 8: Anja Polaszewski – *Am Wasser*

Karl Plepelits:
Lasset die Kinder zu mir kommen

L*asset die Kinder zu mir kommen und wehret es ihnen nicht.*
Also sprach Jesus. *Denn es wird euch Segen bringen.* So sprach
Jesus zwar nicht. Es stimmt aber trotzdem. Das ist jedenfalls
meine Erfahrung. Man sollte meinen, ich könnte mit meinem
Leben hochzufrieden sein. Habe ich doch ein Prachtexemplar
von Sohn namens Klaus und ein noch größeres Prachtexemplar von Schwiegertochter namens Sibylle. Aber ich habe keine Enkelkinder. Und das war bis vor kurzem mein größter
Kummer. Vater werden ist, laut Wilhelm Busch, nicht schwer.
Aber was kann man tun, um Oma (oder auch Opa) zu werden? (Außer dem eigenen Sohn erklären, wie's geht.) Ach, be-
teuerte mein Klausi, ich hätte ja selber so gern Kinder. Aber
weißt du, meine liebe Sibylle hat nur ihre Karriere im Kopf
und das, was die Frauen heutzutage Selbstverwirklichung
nennen. Und da ist für Kinder halt kein Platz.
Also musste ich, die verhinderte Oma, mich damit begnügen,
fremde Kinder zu beobachten und auf diese Weise wenigstens
meine Augen zu erfreuen. Diesem Vergnügen ging ich am
liebsten auf dem Spielplatz im nahen Stadtpark nach. Dass
man dabei immer wieder dieselben Kinder sieht, ist ganz natürlich; ebenso, dass man für sie mit der Zeit ein vertrauter
Anblick wird. Das erkennt man an gelegentlichen scheuen Bli-

cken, am wiedererkennenden Lächeln, am schüchternen Winken zur Begrüßung. Ja, und an besonderen Glückstagen …

Also: Eines schönen, von Fortuna gesegneten Tages, schlich sich ein mir bereits wohlbekannter Dreikäsehoch an, pflanzte sich vor mir auf, musterte mich ernsthaft. Ich lächelte ihm zu, sprach ihn freundlich an, fragte nach seinem Namen.

„Flo", murmelte er.

Ich gab noch weitere Freundlichkeiten von mir. Und jetzt kommt's. Er atmete sichtlich tief durch, fasste mich scharf ins Auge und fragte nicht mehr murmelnd, sondern mit fester Stimme: „Willst du meine Oma sein?" Und mir blieb vor Überraschung der Mund offen stehen. Er zeigte auf die anderen Kinder. „Die haben alle eine Oma. Nur ich nicht." Jetzt erst, wo er mich darauf hinwies, fiel mir auf, dass der Großteil der um den Spielplatz versammelten Frauen eher in meinem Alter war. Eine einzige junge Dame entdeckte ich und dazu einen einzelnen Herrn in fortgeschrittenem Alter. Und nicht ohne Bitterkeit dachte ich: Die haben alle ein Enkelkind oder vielleicht sogar mehrere. Nur ich nicht.

„Warum möchtest du denn unbedingt eine Oma haben?"

„Weil eine Oma nicht so streng ist."

Darauf wusste ich nichts zu erwidern. Ich versuchte mich zu erinnern, ob ich eine strenge Mutter gewesen war und überlegte, ob ich jetzt als Oma weniger streng wäre.

„Hm? Willst du meine Oma sein?"

„Aber sicher", entfuhr es mir spontan, und ich erschrak über meine eigenen Worte. Doch ehe ich sie noch widerrufen konnte, war der Kleine auch schon auf und davon. Aufgeregt schreiend, stürmte er auf die junge Dame zu. Erschrocken blickte sie von dem Buch auf, in das sie vertieft gewesen war, legte es weg, sprang auf, eilte ihm entgegen. „Mami! Mami!", schrie er immer wieder, bis er bei ihr angelangt war. Von da an mäßigte er seine Stimme, sodass ich nicht mehr hören konnte, was er ihr zu erzählen hatte. Aber ich konnte es mir denken. Denn er deutete auf mich, und seine Mami blickte verstört in meine Richtung, versuchte ihn anscheinend zu beruhigen. Er aber ergriff ihre Hand und zog sie mit aller Kraft direkt auf mich zu. Unmittelbar vor mir angelangt, zeigte er mit seiner freien Hand auf mich und krähte: „Das ist meine neue Oma." Seine Mami bekam einen flammend roten Kopf, machte ein leidendes Gesicht, stammelte eine Entschuldigung. Doch nun stach mich der Hafer. Ich fühlte mich unversehens in meine eigene Kindheit zurückversetzt. Der Übermut und die wundervolle Unbekümmertheit des Kleinen scheint mich angesteckt zu haben.

„Ach, lassen Sie nur", sagte ich betont fröhlich. „Was ihr Flo sagt, ist vollkommen richtig." Und ich forderte sie auf, neben mir Platz zu nehmen. Ungläubig, entgeistert, fassungslos, starrte sie mich an, ohne meiner Einladung zu folgen, dachte vermutlich, die spinnt, die Alte.

„Wie meinen Sie das?", stammelte sie.

„So, wie ich's sage. Und so, wie's Ihr Flo sagt."

„Das ist nicht Ihr Ernst. Flo, was machst du schon wieder für Sachen."

„Aber du bist doch wirklich meine neue Oma, stimmt's?", krähte er mit dem Mut der Verzweiflung. „Aber sicher", erwiderte ich fröhlich und lud seine Mami erneut ein, neben mir Platz zu nehmen. Und das war mittlerweile auch dringend nötig. Seufzend ließ sie sich auf die Bank fallen und murmelte: „Na, mit dem Buben machst du was mit." Und um es kurz zu machen: Es stellte sich heraus, dass tatsächlich Bedarf nach einer Oma bestand, ja dass, objektiv gesehen, ihr eigener Bedarf bei weitem dringender war als der ihres aufgeweckten Kleinen. Als alleinerziehende Studentin falle es ihr nicht leicht, die Anforderungen des Studiums und ihre mütterlichen Pflichten unter einen Hut zu bringen. Zwar zögerte sie, mein Angebot anzunehmen, vielleicht um den sogenannten guten Sitten Genüge zu tun, und es bedurfte mehrfacher Versicherungen, das vorhin Gesagte sei mein voller Ernst. Doch nachdem ich ihr lange genug zugeredet hatte und vor allem, nachdem ich beteuert hatte, sie täte damit mir selbst den allergrößten Gefallen, willigte sie schließlich ein und zeigte sich, in ihren eigenen Worten, irrsinnig erleichtert.

So kam es, dass ich Florian gewissermaßen als Enkelkind adoptierte und von Stund an wie ein solches betreute. Und damit ist allen Beteiligten gedient: mir, weil ich nicht mehr das Gefühl habe, unnütz herumsitzen zu müssen, und weil mir Florian zudem ein unerschöpflicher Quell der Freude ist; Martina, seiner Mami, weil sie sich nun auf ihr Studium konzentrieren kann; und natürlich ihm selbst, weil er endlich mit einer Oma aufwarten kann und weil ich, so behauptet er zumindest, wirklich weniger streng bin als seine Mami. So hat es also in der Tat Segen gebracht, das „Lasset die Kinder zu mir kommen". Und damit könnte mein Bericht auch schon zu

Ende sein. Ist er aber nicht. Denn wo einmal der Segen hinfällt, dort keimt er und wächst und gedeiht und trägt hundertfältige Frucht. Sobald ich nämlich in Begleitung eines Enkelkindes aufkreuzte, wurde ich wie selbstverständlich in die erlauchte Runde der Omas und Opas aufgenommen und durfte von nun an ein Gemeinschaftsgefühl genießen, wie ich es zuvor nicht gekannt hatte. Zu dieser Runde gehörte, wie erwähnt, ein Herr in fortgeschrittenem Alter, Opa einer süßen Enkelin. Und um es abermals kurz zu machen: Wir freundeten uns an – ach was, ich will's offen sagen: Wir verliebten uns ineinander wie zwei Teenager, und ich entdeckte, dass in mir noch eine weitere bisher ungestillte Sehnsucht schlummerte: die Sehnsucht nach einem Lebenspartner. Die Sehnsucht nach Liebe, nach Zärtlichkeit, nach Sex. Unbewusst, verdrängt, vergessen, hatte sie tief in mir geschlummert. Doch nun regte sie sich, erwachte, wurde lebendig. Und da es sich bei ihm offenbar ganz ähnlich verhielt und da er wie ich verwitwet war, wurde aus uns ein Paar, und wir erlebten das unfassbare Glück, noch einmal in diesem Leben die Liebe kennenzulernen. Und wiederum war allen Beteiligten gedient: meinem lieben Flo, weil er einen Opa und dazu noch eine Schwester bekam, und ihr, weil sie ein Brüderchen und dazu noch eine Oma bekam.

Und was sagte mein lieber Klausi zu all dem? Ha, er freute sich mit mir, übrigens im Gegensatz zu seiner Sibylle, und hatte sich, ebenfalls im Gegensatz zu seiner Sibylle, binnen kurzem mit Flo angefreundet. Und das machte mich doppelt glücklich. Auf eine formelle Hochzeit verzichteten wir zwar.

Karl Plepelits: Lasset die Kinder zu mir kommen

Worauf wir aber nicht verzichteten, das war eine Hochzeitsreise. So glücklich waren wir, uns gefunden zu haben, dass wir nicht umhin konnten, unser Glück durch eine dreiwöchige Reise zu besiegeln und uns bei Flo durch meinen Klaus vertreten zu lassen. Sibylle kam für eine solche Vertretung nicht in Frage. Nicht nur, weil sie alle meine hier geschilderten Aktivitäten offen missbilligte. (Dass sie sich nicht schämt! So alt und noch kein bisschen weise!) An diesen gegensätzlichen Auffassungen hatten sich schon mehrfach gewisse Unstimmigkeiten zwischen ihr und Klaus entzündet. Darum hatte ich ihm noch vor unserer Abreise das Versprechen abgenommen, zu Sibylles missbilligenden Äußerungen um des lieben Friedens willen lieber zu schweigen, als durch Widerspruch sein Eheglück aufs Spiel zu setzen. Wer beschreibt jedoch unsere Überraschung, als klar wurde, wie ernst er seine Pflichten als Ersatzpapi genommen hatte? So ernst nämlich, dass er inzwischen seine Zelte bei Martina und Flo aufgeschlagen hatte und seine väterlichen Pflichten nicht nur gegenüber Flo, sondern offensichtlich auch gegenüber Martina erfüllte. Aber mein lieber Klausi, geht das jetzt nicht ein bisschen zu weit? Klar. Viel zu weit. Die Sibylle ist stinksauer. Sie will sich scheiden lassen. Na siehst du. Jetzt hast du den Salat. Ja, Gott sei Dank. Und weißt du was? Dann heirate ich die Martina, und unserem Glück steht nichts mehr im Weg. Also sprach unser Klausi. Nun, mir soll's recht sein. Mir ist alles recht, was ihm Glück bringt. Mittlerweile bin ich selbst schon überzeugt, dass er auf die Dauer mit Martina glücklicher werden könnte als mit Sibylle. Martina mag zwar nach außen hin nicht ganz so ein

Prachtexemplar sein wie es Sibylle ist. Aber sie ist süß, liebe- voll, warmherzig. Und ob das Sibylle auch ist, wage ich zu be- zweifeln. Was jedoch für mich persönlich vielleicht noch mehr zählt: Sie wird ihm aller menschlichen Voraussicht nach Kin- der schenken. Und mir Enkelkinder, genauer, weitere Enkel- kinder.

Grenzenlos ist nun mein Glück. Wie froh bin ich, dass mich Flo als Oma auserkoren hat. Und wie froh bin ich, dass ich meiner Sehnsucht nachgegeben und jenen wunderbaren Bibel- spruch befolgt habe: *Lasset die Kinder zu mir kommen und wehret es ihnen nicht. Denn es wird euch Segen bringen.*

Genau so ist es. Es bringt Glück und Segen, Freundschaft und Liebe, Erfüllung und Zufriedenheit. Und es bringt hundertfäl- tige Frucht.

Karl Plepelits:
Das Marokkanerle

27. April 2011. Abend. Ein namenloses Dorf in einem paradiesischen Tal des Hohen Atlas. Innenhof einer einfachen Herberge. Betäubender Duft blühender Sträucher, eines Lavendelbusches, eines Orangenbaums. An einem ovalen Tisch sitzen zwölf erschöpfte Wanderer, darunter Hassan, der junge einheimische Wanderführer, und ich, der alte österreichische Reiseleiter, und geben sich marokkanischen Gaumenfreuden hin. Es wird dunkel. Da bekommen auch die Ohren unverhofft Ergötzliches geboten. Irgendwo in der Nähe erklingt Musik: das Dröhnen von Trommeln, das Pfeifen von Flöten, die Klänge von Berbergeigen, der Gesang von Männern, das Getriller von Frauen.

„Ah, ein Dorffest mit Musik und Tanz", doziert Hassan.

„Jö", ruft die einzige Dame in unserer Runde wie elektrisiert aus, und ihr Gesicht wirkt wie von einem inneren Feuer erhitzt. „Dürfen wir da zuschauen?"

Also brechen wir, sobald alle bereit sind, gemeinsam auf und gehen den Klängen des Festes nach. Nach wenigen Minuten öffnet sich vor uns ein Platz, hell erleuchtet durch ein offenes Feuer, vor dem weiß gekleidete und weiß beturbante Männer tanzen. Singend und mit den Füßen stampfend, bewegen sie sich rhythmisch vor und zurück. Dahinter stehen die Musikanten, hocken die trillernden Frauen, und im Hintergrund stehen Zuschauer, Männlein und Weiblein säuberlich getrennt, und klatschen im Rhythmus der Musik mit. Die Männer begrüßen uns mit einladenden Gesten und lachenden Gesichtern. Die Frauen begrüßen uns nicht. Sie halten den Kopf gesenkt, vermeiden jeden Blickkontakt. Nein, eine unter ihnen kann ihre Neugier nicht bezähmen. Ohne jede Scheu starrt sie wie gebannt auf uns, scheint von unserem Anblick förmlich fasziniert, als wären wir Engel des Herrn, vom Himmel herabgestiegen, um ihr eine große Freude zu verkünden. Klar, himmlische Heerscharen sind ja auch viel interessanter als diese tanzenden Mannsbilder. Im Gegensatz zum Rest der Frauen trägt sie auch nicht die malerische Tracht der Berberinnen vom Hohen Atlas, sondern nur ein Kopftuch und ist im Übrigen europäisch gekleidet wie viele Frauen in Marokkos Städten. Da durchzuckt mich der absurde Gedanke, ich könnte ihr schon einmal begegnet sein. Ihre Züge rufen irgendeine ferne Erinnerung in mir hervor. Während ich mir darüber noch den Kopf zerbreche, löst sie sich aus der Menge, nähert sich zögernd, bleibt vor mir stehen, schlägt sich auf die Stirn und spricht mich in akzentfreiem Deutsch, genauer, unverfälschter Vorarlberger Mundart, an.

„Paul? Ich glaub, ich spinn. Du bist doch der Paul aus Innsbruck oder?" Mir bleibt das Herz stehen. Ich glaube das Gleichgewicht zu verlieren. Nun erst, an der Stimme, erkenne ich sie.

„Pia?", stammle ich. Und noch einmal: „Pia?" Und ich spüre, wie mir die Tränen in die Augen steigen, und muss mich zurückhalten, um ihr nicht vor aller Augen, vor den Augen so vieler Marokkaner, um den Hals zu fallen. Ich kann es kaum fassen: Vor mir steht, gleich einem vom Himmel herabgestiegenen Engel, Pia, meine Pia. Mich umstrahlt die Herrlichkeit Gottes. Wie lange stehen wir uns so, an Zunge und Gliedern gelähmt, gegenüber? Mir scheint es wie eine kleine Ewigkeit. Wie von einer höheren Macht gelenkt, ergreife ich ihre Hand, führe sie aus dem Kreis der Zuschauer. Und schon hängt sie schluchzend an meinem Hals. Da brechen auch mir die Tränen mit Macht hervor, und ich schließe sie in meine Arme und lasse meine Tränen auf ihre Schulter tropfen. Doch dann fällt mir ein: Wehe, wenn uns ein Einheimischer sieht!

„Hier können wir nicht bleiben", stammle ich.

„Wir müssen ..." Hier endet meine wohlgesetzte Rede. Was wir tun oder lassen müssen, weiß ich nämlich selber nicht. Schweigend wandern wir davon und stehen bald vor meiner Herberge. „Hier übernachten wir", murmle ich. „Kommst du ein bissl mit hinein? Dann können wir ..."

Und ohne ihre Antwort abzuwarten oder auch nur meinen Satz zu vollenden, entführe ich sie in die Abgeschiedenheit meines Zimmers. Hier erneuern wir die Tränen, erneuern die Umarmung, erneuern unsere alte, längst verloren geglaubte Liebe. Pia ist eine neue Penelope, ich bin ein neuer Odysseus. Nach unendlich langer Trennung haben wir uns wieder gefunden und vollziehen (um Homers eigene Worte zu gebrauchen) gar freudig den Ritus der alten Liebe. Und in der Tat, es ist ein geradezu sakraler Akt. Auch das sind Homers Worte: Bei allen Dingen ist Sättigung, beim Schlaf wie bei der Liebe, beim süßen Gesang wie beim untadeligen Tanz. Gesättigt von der Liebe, liegen wir, erneut den Tränen nah, noch lange stumm und eng umschlungen. Doch schließlich gewinnt die Neugier die Oberhand über meine Erschütterung.

„Du? Liebste?", beginne ich. „Was führt dich in dieses gottverlassene Nest?" Ihre Antwort könnte ich mir eigentlich denken. Aber ich kann es eben nicht. Mein Geist befindet sich in solchem Aufruhr, dass mein Denkvermögen gefährlich reduziert ist. Nun, sie lautet: Auf Besuch bei meinen Verwandten. Jetzt erst kommt mir die volle Erinnerung an die Zeit, als wir ein Liebespaar waren und danach an eine noch frühere Zeit, als wir uns zum ersten Mal begegnet sind.

1959. Ein namenloses Vorarlberger Dorf. Sommerferien bei Onkel und Tante. Es ist Sonntag. Ich sitze neben meinem Cousin am Rand einer Kirchenbank und warte auf den Beginn des Gottesdienstes. Und schon ertönt das Glöckchen, um den Eintritt des hochwürdigen Herrn aus der Sakristei anzukündigen. Da steht, wie vom Himmel gefallen, ein kleines Mädchen neben mir und blickt mich, gerötet und außer Atem, bittend an. Ich mache mich dünn, rücke ein Stückchen näher an meinen Cousin. Mit bezauberndem Lächeln schlüpft sie herein und flüstert mir zu: „Du, danke. Aber weißt du, meine Mama ..."

Sie bricht ab, ihr Lächeln erstirbt, denn mehrere Köpfe vor uns drehen sich mit alles andere als freundlichen Blicken nach uns um. Übrigens bezauberte nicht nur das kurzzeitige Lächeln der Kleinen mein damals noch recht kindliches Gemüt. Bezaubernd fand ich auch ihr ernstes Gesicht, vielleicht weil ihre Haut auffallend dunkel war und ihre Züge auf mich irgendwie exotisch wirkten. Und ich gestehe, dass sie meine Augen unwiderstehlich anzogen. Dafür fühlte ich mich zwar sogleich entsetzlich sündig. Denn als Zögling eines Tiroler Klostergymnasiums war ich bestens gedrillt und folglich rasend fromm. Aber das half diesmal gar nichts. Mir fehlte die rechte Andacht. Sogar die Worte der Predigt gingen beim einen Ohr hinein und beim anderen hinaus. Aber gut, das war wohl nicht weiter schlimm. Worum es in einer Sonntagspredigt letztlich geht, wusste ich ohnedies: um Frömmigkeit und Nächstenliebe. Doch dann wurde ich plötzlich hellhörig. Ein merkwürdiges Wort war an mein Ohr gedrungen und hatte den momentan recht weiten Weg ins Hirn geschafft. Es lautete: Marokkanerle. Marokkanerle? Was soll das heißen? Augenblicklich war die rechte Andacht wieder da, und ich hörte den Herrn Pfarrer von der unauslöschlichen Schande sprechen, den eine Negerhure über das ganze Dorf gebracht habe. Negerhure? Neger ist klar. Aber Hure? Noch nie gehört. Es ging noch weiter. Besagte Negerhure lasse sich wenigstens nicht mehr in der Kirche blicken, nachdem er ihr den Besuch ausdrücklich untersagt habe. Hingegen müsse er zu seinem Befremden feststellen, dass das Marokkanerle noch immer die Heiligkeit dieses Ortes beschmutze. Und er trug den Kindern ausdrücklich auf, mit diesem Bastard (was ist nun das schon wieder?) nicht zu spielen oder auch nur zu sprechen. Wieder wandten sich die vor uns um und durchbohrten die Kleine neben mir mit ihren Blicken. Ihr rollten unterdessen dicke Tränen über die Wangen. Da ging mir ein Licht auf: Sie ist offensichtlich jenes Marokkanerle, das die Heiligkeit des Ortes be-

Karl Plepelits: Das Marokkanerle

schmutzt. Nur weil sie eine dunkle Hautfarbe hat und vielleicht ein bisschen exotisch aussieht? Was kann denn sie dafür? Alles in mir empörte sich gegen diese Ungerechtigkeit,
und ungeachtet meiner Frömmigkeit konnte ich mich nicht
zurückhalten. Außer mir vor heiligem Zorn, rief ich zur Kan-
zel hinauf: "Bitte, was kann die Kleine dafür? Wo bleibt denn
da die christliche Nächstenliebe?" Im nächsten Moment erschrak ich über meine eigene Dreistigkeit und hätte mich am
liebsten in einem Mauseloch verkrochen, zumal nun ich mir
böse Blicke zuzog. Hingegen strahlte mich die Kleine mit ihren von Tränen glänzenden Augen an. Und der Herr Pfarrer?
Ungerührt setzte er seine Predigt fort, als wäre nichts geschehen. Zur Kommunion ging die Kleine nicht. Und als ich nach
dem Ite missa est nach ihr blickte, war sie fort. Sie muss lautlos hinausgehuscht sein, ehe sich der Volkszorn über ihrem
Haupt entladen konnte. Spontan sprang ich auf und machte es
ihr nach. Vor dem Kirchenportal angelangt, sah ich sie leicht-
füßig und wieselflink davonsausen. Ich selber wurde in der
Folge für meine sündhafte Dreistigkeit entweder beschimpft
oder gelobt, freute mich übers Lob und nahm die Beschimp-
fungen in Anbetracht des Schicksals der Kleinen auf die leichte Schulter. Weit wichtiger war es mir, über die Begriffe Marokkanerle, Negerhure und Bastard Aufklärung zu erhalten.
Und diese lautete: Die Kleine ist ein Marokkanerle, weil ihr
Vater Marokkaner ist, genauer, ein marokkanischer Soldat der
französischen Besatzungsarmee, die von 1945 bis 1955 im Lande stand. Und die Marokkaner sind halt Afrikaner, nicht gerade schwarz, aber von dunklerer Hautfarbe als wir. Daher

nennt man die Mütter der Marokkanerle Negerhuren. Und
wieso Huren? Nun, weil sie mit den Vätern ihrer Kinder nicht
verheiratet sind. Und darum nennt man die Kinder Bastarde.
Damit war ich zwar einerseits aufgeklärt. Andererseits hatten
sich durch eben diese Informationen weitere Fragen aufgetan,
die mir aber niemand beantworten konnte (oder wollte).
Einmal habe ich die Kleine noch gesehen. Ich kam zufällig
dazu, wie sie von einer Horde johlender Gören verfolgt wurde. Und obwohl sie ebenso flink war wie nach der Messe,
wurde sie von einer noch Flinkeren eingeholt. Diese stellte ihr
ein Bein, sie stürzte, die andere warf sich über sie und ging offensichtlich daran, sie zu malträtieren oder festzuhalten, bis
der Rest der Horde nachgekommen war. Geschickt wie ein
Kätzchen rappelte sich die Kleine auf und verprügelte die andere ihrerseits, aber nur kurz. Dann sprang sie auf den nächsten Baum zu und kletterte mit einer Behändigkeit, die mich
staunen machte, hinauf. Unterdessen waren die übrigen nachgekommen, begannen hinaufzuschreien und nahmen eine
drohende Haltung ein. Doch schon im nächsten Moment ließ
sie ein Wasserstrahl von oben fluchend auseinanderstieben.
Nun rührten sie sich zwar nicht mehr vom Fleck, begannen
aber dafür ihr Opfer zu verhöhnen: als Marokkanerle, Igelfres-
serin, Negerle, Negerpuppe, und ich weiß nicht, als was noch,
verstummten aber schlagartig, als sie mich erblickten. Ich war
inzwischen dieser Szene christlicher Nächstenliebe näherge-
kommen, bebte neuerlich vor heiligem Zorn und brüllte die
Versammlung lieblicher Grazien an, dass es eine Freude war.
Ich meine für mich selbst, nach vollbrachter Tat. Die sah näm-

lich so aus: Die Grazien zeigten mir die Zunge und zogen nach längerem Zögern schweigend ab. Aus der Baumkrone ertönte ein leises „Du, danke". Aber die Kleine machte keine Anstalten, ihre Zuflucht in absehbarer Zeit zu verlassen. Während ich, mich immer wieder umwendend, weiterging, erfüllte mich einerseits der Stolz eines Pfadfinders nach seiner täglichen guten Tat, zugleich aber tiefe Enttäuschung über das Menschengeschlecht im Allgemeinen und die Christenheit im Besonderen.

Als ich im nächsten Sommer wieder in Vorarlberg war, fand sich keine Spur von der Kleinen, und ich erfuhr, sie sei mit ihrer Mutter „in die Stadt" gezogen. Ich ahnte nicht, dass ich einmal selbst Vorarlberger werden sollte. Dies geschah im Jahre 1968. Ich studierte an der Innsbrucker Uni Englisch und Französisch, und mir fehlten nur noch wenige Prüfungen. Daher gab ich nach längerem Zögern dem Drängen eines Studienkollegen nach und trat vorzeitig in den Schuldienst; die fehlenden Prüfungen würde ich eben nachholen. Besagter Kommilitone war ein Geistlicher aus dem berühmten Feldkircher Jesuitengymnasium Stella Matutina, der im Auftrag seines Direktors nach neuen Lehrern suchte; so groß sei der Lehrermangel bei ihnen. Also siedelte ich nach Feldkirch über und begann meine Lehrtätigkeit an dieser Schule. Zwei Jahre später heiratete ich und schwor mir, meiner Frau ein treuer Ehemann zu sein, wie das Gesetz es befiehlt.

Januar 1975. Wir, meine Frau und ich, besuchten einen Faschingsball. Es wurde Mitternacht. Damenwahl. Eine auffallend hübsche junge Dame mit leicht exotischen Zügen kam auf mich zugetrippelt und forderte mich mit bezauberndem Lächeln auf. Dieses Lächeln! Diese Stimme! Ha, war das nicht das kleine Marokkanerle aus jenem namenlosen Dorf?

„Sie sind doch der nette Kerl", begann sie, ehe mir noch etwas zu sagen einfiel, „der mich gegenüber dem Pfarrer verteidigt und vor meinen Feinden gerettet hat oder? Ich bin die Pia."

Ich spürte, wie mich ihr Anblick noch genauso bezauberte wie damals, freilich in ungleich höherem Maße. Sie verriet mir ihre Adresse, und nur wenige Tage später besuchte ich sie. Ich hatte das dringende Bedürfnis, sie wiederzusehen. Mich interessierte brennend, wie es kommt, dass sie ein Marokkanerle ist. Viel wusste sie darüber selber nicht; ihre Mutter weigere sich hartnäckig, Genaueres zu diesem Thema preiszugeben. Immerhin gebe es ein Foto von ihrem Vater; und sie suchte es für mich heraus. Es zeigte einen ausgesprochen feschen jungen Mann mit Turban und in eleganter französischer Uniform; und wenn man vom Verwandtschaftsverhältnis wusste, erkannte sogar einer wie ich die Ähnlichkeit mit Pia. Auf der Rückseite standen zwei unverständliche Worte. Das sei der Name des Dargestellten, so Pia lachend. Und damit habe sie unendlich mehr als viele andere Besatzungskinder, die nicht einmal den Namen ihres Vaters kennen, geschweige denn ein Bild von ihm besitzen. Und wenn sie einmal über genügend Geld verfüge, werde sie sich aufmachen und ihren Vater suchen und vielleicht sogar ihre Geschwister kennenlernen. Sie erzählte mir auch von ihrer Kindheit. Sie und ihre Mutter seien in ihrem Dorf Ausgestoßene gewesen, Geächtete, richtige Parias. Sie, die kleine Pia, sei eine dreifache Schande für ihre

Karl Plepelits: Das Marokkanerle

Mutter gewesen: als uneheliches Kind, als Besatzungskind und als Kind eines Afrikaners. Die anderen Kinder hätten sie nach Belieben drangsalieren können; das habe niemanden gestört. Nicht einmal die hohe Geistlichkeit, die größte Autorität in Vorarlberger Dörfern, habe ihnen geholfen. Im Gegenteil, sie habe die Gläubigen erst recht aufgehetzt. Darum sei ihre Mutter mit ihr schließlich nach Feldkirch geflüchtet. So erzählte sie, und ich fühlte mich mehr und mehr bezaubert von ihren Lippen, ihren Augen, ihren weichen Wangen, in denen, frei nach Sophokles, der Liebesgott lauerte. Und ich spürte, wie er mein Herz entflammte und gestand ihr, dass ich mich schon bei unserer ersten Begegnung vor bald siebzehn Jahren in sie verliebt hätte, und sie gestand mir, dass sie seit damals in mich verliebt sei, und ich vergaß meinen Schwur und machte sie zu meiner Geliebten und bedauerte es heftig, schon verheiratet zu sein. Denn die Liebe zwischen Pia und mir erwies sich als unendlich größer, stärker, leidenschaftlicher, beglückender als die zwischen meiner Frau und mir. Sie war, mit einem Wort, himmelstürmend. Trotzdem hat mich Pia nie gedrängt, mich scheiden zu lassen. Geduldig ertrug sie im Namen unserer Liebe alle Unannehmlichkeiten eines Daseins als Geliebte eines verheirateten Mannes. „Die Liebe erträgt alles, glaubt alles, hofft alles, duldet alles." So pflegte sie, frei nach Paulus, meinem Namenspatron, zu sagen, um mich zu trösten – sie mich! –, wenn ich über die Opfer klagte, die ich ihr aufzuerlegen genötigt war. Ja, ihre Liebe war rein wie ein Gebirgsbach, süß wie die Jugend, stark wie der Tod. Aber nach nur wenigen Monaten höchsten Glücks versuchte sie in einer verzweifelten Kraftanstrengung, das uns verbindende Feuer des Liebesgottes zu löschen. Es bereite ihr zwar einen nahezu unerträglichen Schmerz, und sie komme sich vor, als würde sie sich selbst ein Glied ausreißen. Aber es müsse sein, wenn sie jemals Familie und Kinder haben wolle. Denn je länger sie mit mir zusammen sei, desto größer werde ihre Liebe zu mir. Wie? Trennung von Pia? Verzicht auf ihre Liebe? Eine Liebe rein wie ein Gebirgsbach, süß wie die Jugend, stark wie der Tod? Wie soll ich einen solchen Schmerz ertragen, ohne den Verstand zu verlieren? Aber was soll ich tun? Was kann ich tun? Mir blieb nichts übrig, als mich wieder in einen treuen Ehemann zu verwandeln. Im Übrigen sahen wir uns nicht mehr lange. Pia lernte einen Franzosen kennen und entschwand mir mit ihm in Richtung Paris. *Aus den Augen, aus dem Sinn*? O nein. All die Jahrzehnte hindurch lebte Pia in meinem Herzen und lebte ich in Pias Herzen. Und siehe da, heute hat uns der Liebesgott wieder zusammengeführt. Unterdessen sind wir zwar alt, aber Singles, alle beide. Und ich schwöre: Nichts und niemand wird uns je wieder trennen können.

Bild 9: Anja Polaszewski – *Kinderlachen*

Anja Polaszewski:
Ein glücklicher Tag

Der Wecker schrillt. Es ist sieben Uhr dreißig. Und wieder ist ein neuer Tag angebrochen. Das geht so schnell. Viel zu schnell, wenn man mich fragt. Tut man wohl aber nicht. Und selbst wenn: Es würde ja doch nichts ändern. Ich könnte mich auf den Kopf stellen oder sonst etwas tun. Einen kurzen Moment denke ich darüber nach, den Wecker an die Wand zu werfen, damit er mich niemals wieder so unsanft weckt. Ich höre schon das Scheppern. Sehr wahrscheinlich aber würde ich mir damit nur ein Eigentor schießen, denn irgendwer muss schließlich den ganzen Schrott wieder einsammeln und wegwerfen. Und das würde dann wohl ich sein. Also, wie auch immer: Augen zu und durch. Die Bettdecke zurückgeschlagen – und brrr, prompt wieder eingekuschelt. Mann, ist das kalt da draußen! Und noch so ungemütlich dunkel. Herbst eben. Eigentlich ist das gar keine Zeit, um aus dem Bett zu steigen. Ich suche nach weiteren Ausreden, murre, um dann doch meinen inneren Schweinehund zu überwinden und aufzustehen.

So arbeite ich denn von früh bis spät, bin viel unterwegs. Habe hier ein Gespräch, dort einen Termin. Und ein Pressefoto muss ich auch machen. Und schon ist es Mittag. Zwischen zwei Terminen geht es schnell nach Hause. Ein bisschen ausruhen, danach zwei oder drei Artikel schreiben. Und ein paar andere

Anja Polaszewski: Ein glücklicher Tag

Geschichten liegen auch noch in der „Pipeline". Aber: Arbeit muss sein, zum Glück macht sie mir Spaß. Und also schreibe ich, als gäbe es kein Morgen! Natürlich stimmt das nicht immer. Gerade zum Beispiel schreibe ich ein Wort ganze drei Mal hintereinander – aus Versehen natürlich – und fluche leise vor mich hin. Wo bleibt die Konzentration? Wohl immer noch nicht ganz wach. Gähnen. Tatsache.

Keine Lust auf Mittagessen. Hunger habe ich aber. Hastig stopfe ich mir eine Scheibe Vollkornbrot mit Käse in den Mund, etwas Ketchup drauf. Lecker. Und noch eine Stulle. Hab ich wohl doch Lust. Ich nippe am heißen Kaffee. Verbrenne mir die Lippen. Mist! Schreibe weiter. Noch ein Wort, noch eine Phrase – mühsam nährt sich die Journalistin. Grinse triumphierend und setze mich aufrecht hin: Hahaa, Artikel eins ist fertig, der zweite folgt auf dem Fuße. Ja! Geschafft! Dann schaffe ich bestimmt auch noch einen dritten heute! Na, wollen mal nicht übertreiben, immerhin wartet noch ein Buch darauf, lektoriert zu werden. Blick aus dem Fenster des Arbeitszimmers. Dort draußen in einem großzügigen Gehege lebt unser Hausrehbock Heinrich. Die Vermieter kümmern sich um ihn, seit seine Mutter im Frühjahr von einem Auto überfahren wurde. Sie haben ein großes Herz. Heinrich galoppiert staunend herum: Jede Menge Bäume, viel Platz, noch sattes Grün – zumindest bis zum Winter. Dann wird er sicher eine Krippe bekommen. Winterromantik baut sich in meinem Kopf auf. Ich sehe Lichterketten und einen Kamin vor mir, trage bequeme Kuschelsocken und gehe im Schnee spazieren … Oh Gott, ich glaube, ich brauche schon wieder eine Pause. Anscheinend funktioniert mein Hirn nicht richtig.

Vierzehn Uhr. Neuer Kaffee, neues Glück: Ich habe Lust auf eine Reportage über Indien. Über einen Tag im chaotischen und lauten Delhi, über die Zeit, die dort nie stillzustehen scheint und überhaupt ganz relativ ist. Ich fühle mich zurückversetzt in meine Reise: einen Monat Nordindien. Vieles habe ich gesehen: fremde Menschen und ihr Leben, die stolzen Sikh mit ihren wunderschönen, farbenfrohen Turbanen, unzählige Tempel, das Riesenmausoleum Taj Mahal, den Himalaya … Das ist erst einige Wochen her, aber es ist noch ganz präsent in meinem Kopf … Ich beginne zu träumen und schlafe fast ein. Das Fenster muss auf, frische Herbstluft rein. Aaaah, tut das gut. Das nenne ich mal Sauerstoff! Diese Luft gibt es nicht in Indien. Und auch nicht in Mexiko oder Afrika … Ja, zu Hause ist es wohl doch am schönsten.

Es ist nach achtzehn Uhr. Eigentlich müsste ich mich noch an das Buch wagen … Oh. Der Süße kommt nach Hause. Ich springe auf und renne ihm entgegen. Ein bisschen müde sieht er aus. Ein harter Tag? Er nickt. Gut, ich mache auch Feierabend. Wir kuscheln uns ein bisschen aneinander, reden über unseren Tag getrennt voneinander, aber in Gedanken doch nah beieinander.

Achtzehn Uhr dreißig: Es wird langsam dunkel hier auf dem Land. Der Liebste und ich gehen joggen – an einem Fluss entlang, der sich liebevoll „Hase" nennt – und bis zu einem Ort, der Quakenbrück heißt. Sein Wahrzeichen: ein Frosch. Ich muss laut lachen. Zuvor haben wir lange in Berlin gelebt, dies hier ist jetzt unsere neue Heimat … Schön ist sie, die Land-

Anja Polaszewski: Ein glücklicher Tag

schaft, und eigentlich hat sie eine Hommage in Literaturform verdient. In Gedanken produziere ich einen Bildband ... Eine Stunde laufen wir, dann geht es zurück nach Hause.

Fast zwanzig Uhr. Wir kochen uns etwas Schönes: ein Steak mit grünen Bohnen. Wir reden und lassen noch einmal den Tag Revue passieren.

Einundzwanzig Uhr: Ich schnappe mir ein Buch, den neuen und total spannenden Jussi Adler-Olsen. Mit dem dänischen Thriller marschiere ich ins Badezimmer, lasse die Wanne volllaufen, zünde mir Kerzen an. Ich tauche in das heiße, nach Fichtennadeln duftende Wasser ein. Nichts geht über ein Gesundheitsbad! Auf dem Hocker neben der Wanne steht ein Glas Rioja. Der Liebste schaut im Wohnzimmer ein Fußballspiel mit seiner Lieblingsmannschaft. Plötzlich jubelt er. Da ist wohl gerade ein Tor gefallen! In meinem Buch geht es ans Eingemachte! Ich versinke bis über beiden Ohren im Wasser und ziehe entsetzt die Augenbrauen hoch. Mann, ist das spannend! Ich erschrecke mich total, als der Süße mit seinem Bier ins Bad kommt, um mit mir anzustoßen. Wasser spritzt umher, er wird nass, wir lachen. Dreiundzwanzig Uhr fünfzehn: Wir gehen ins Bett, kuscheln uns in die bunte Bieberbettwäsche ein, lesen noch ein bisschen. Der Liebste verschlingt die Seiten eines Buchs von Frederic Forsyth. Er sieht so konzentriert, richtig sexy dabei aus. Ich grinse und denke nach über das, was ich hier gerade vor meiner Nase habe: reines Glück. Ich möchte nichts verändern an meinem Leben. Es ist wunderschön so, wie es gerade ist. Ich brauche nicht weiter über das Glück nachzudenken, weil es direkt neben mir liegt.

Monika Post:
Glück ist: achtsam sein

Glück ist immer der Augenblick, der mich erreicht.
Glück ist die andere Seite von Unglück, so bedingt das eine
das andere. Ich habe beides erfahren. Sicher gibt es keinen
Menschen, der immer nur glücklich ist - oder immer nur unglücklich. So wie kein Mensch nur gut oder nur böse ist. Er hat
von beidem etwas.

Mit dem Glück ist es so: Der Nährboden dafür wird schon im
Mutterleib angelegt. Hat die Mutter viele Glücksmomente,
Freude, Sonnenstrahlen, Ruhe und Frieden im Herzen, wird
das Kind davon genährt, und es wird zu einer glücklichen, zu-
friedenen Persönlichkeit. Ich denke, auch jedes Lebensjahr-
zehnt birgt sein eigenes Glück, seine eigenen Hoffnungen,
Einsichten und Aussichten.

Ich bin in einem kleinen Dorf aufgewachsen, auf dem Bauern-
hof, und kenne den Vergleich mit dem Ackerboden und welche Mühe es kostet, ihn zu bearbeiten. Es ist ein enorm großer
Arbeitseinsatz, die Mithilfe der ganzen Familie ist wichtig.
War der Boden instand gebracht, wurde gesät und gepflanzt,
und es brauchte zum Wachsen die Sonne und den Regen. Bis
dann die Ernte kam, musste wiederum viele Stunden auf dem
Feld gearbeitet werden … Die Ernte war dann ein wunderba-
res Glücksgefühl für den Bauern und die ganze Familie. Nur

Monika Post: Glück ist: achtsam sein

bei meinem Vater konnte ich das nicht wahrnehmen, da hatte ich den Eindruck, sich freuen und glücklich sein ist etwas Verbotenes. Das muss sich wohl bei mir eingeprägt haben. Ob meine Eltern glücklich waren? Ich weiß es nicht. Meine Kindheit war es nicht. Sie war geprägt von Angst vor dem Vater. Ich habe beim Spielen eine Art Glücklichsein erlebt. Ich durfte aber nicht viel spielen, musste immer mithelfen.

Man hat mir die Kindheit gestohlen. Sehr gerne ging ich zur Schule, dort habe ich Glücksmomente erlebt – immer in den Pausen beim Völkerball! Und auch, wenn der Lehrer mich gelobt hat. Ich weinte sehr, als ich aus der Schule entlassen wurde.

Glück fühlte ich auch in meiner Berufsausbildung als Verkäuferin, wenn ich unter Menschen war. Ich war eine Frohnatur konnte andere so richtig in der Freude mitreißen. Ich hätte auch in der Showbranche (als Alleinunterhalterin) arbeiten und die Gefühle rauslassen können, anstatt sie unter dem Deckel zu halten ...

Ich lernte schon früh meinen Freund kennen und zärtliche Gefühle zu leben. Ich fühlte mich einfach wohl bei ihm, wohler als zu Hause in der Familie. Ich wurde von ihm akzeptiert, so wie ich bin. Wir waren sehr viel zusammen, obwohl meine Eltern sehr gegen diese Freundschaft waren.

Ich wurde sehr jung schwanger und gebar mein erstes Kind unter großen Schmerzen. Doch als ich mein Baby auf dem Bauch liegen hatte, war ich einfach nur glücklich! Es war ein Wunder für mich, was da mit mir geschah! Dieses Glück und wundervolle Geschenk durfte ich danach noch fünf weitere

Male erfahren: Ich habe sechs gesunde, sehr hübsche Babys geboren. Das ist das Beste und Wertvollste, was mir das Leben geschenkt hat! Dafür bin ich so dankbar.

Das Glück in der Ehe aber ging in die Brüche. Ich war mit den Kindern alleine – doch auch diese Zeit war schön und glücklich! Wir hielten zusammen, einer lernte vom anderen. Natürlich mussten wir alle das Glücklichsein lernen. Sicher wurde uns auch ein Quentchen davon in die Wiege gelegt.

Zum Glück ist das Glück kein Gebrauchsgegenstand, den man kaufen kann …

Ich erkenne heute: Je dankbarer ich für alles bin, desto glücklicher bin ich! Dankbarkeit und Glück kann der Mensch lernen! Glück kommt von innen. Es hat überhaupt nichts mit dem schönen Auto, mit dem schönen Haus zu tun, wie ich immer geglaubt hatte.

Je mehr ich in der Materie verstrickt war, desto unglücklicher wurde ich. So zwang mich das Schicksal, alles loszulassen. Mein Haus, mein Geld, das alles habe ich verloren. Aber ich habe etwas Edles gefunden: meine Seele und das Glück in meinem Herzen – und das kann mir niemand nehmen! Die Lebenserfahrung zeigt mir ganz klar, dass der Mensch selbst Grund für sein Glück und sein Unglück ist – wenn er nur genau hinschaut.

Auch hat zu meinem Glück beigetragen, dass ich mich selbst liebe und achte. Und ich würdige mich. Ich lebe jeden Tag im Paradies und bin glücklich in der schönen Natur! Ich bin ein Teil von ihr. Mein spätes Glück ist meine zweite Ehe. Ich habe einen lieben Partner, der mich achtet und schätzt und lieb hat

Monika Post: Glück ist: achtsam sein

und mir vertraut! Wir achten auf unser Glück! Je mehr ich meine Gefühle auf Glück richte, desto mehr ziehe ich es an.

Alice Romas:
Rundumerneuerung

Eine schöne Farbe haben Sie sich da ausgesucht. Very nice!", sagt der Kassierer zu mir mit einem zustimmenden Nicken. Recht hat er, denke ich. Seit Tagen beschäftige ich mich mit der Rundumerneuerung meines Schlafzimmers. Bisher aber nur in Gedanken. Der eigentliche Einkauf, die Auswahl der zueinanderpassenden Töne, liegt mir nicht sonderlich. Und weil ich mich im Allgemeinen mit Deko-Kreationen nicht leichttue und mich nur schwer zu einer Entscheidung durchringen kann, treibe ich mich seit Stunden im Woolworth herum. Entschieden habe ich mich letzten Endes für einen tiefroten, fast braunen Vorhang, Bettwäsche in ebensolchen Naturtönen und einen türkisfarbenen Überwurf, der dem Ganzen den Beigeschmack einer Meeresbrise verleihen soll. Immerhin ist das Meer nicht weit entfernt.

Gerade als der Kassierer mit der türkisfarbenen, weichen Decke beschäftigt ist, piept mein Handy. Ich lese die Nachricht zweimal, dann wähle ich die Nummer meines Untermieters. Carl spricht hastig und aufgeregt. „Uns fliegt das Dach weg!" Und er fügt noch hinzu, dass meine Katze Mara verstört davongesprungen war.

Wissend, dass unser Dach den südlichen Temperaturen entsprechend eher leicht gebaut ist, nehme ich an, dass einige der

Alice Romas: Rundumerneuerung

Dachplatten zum Nachbarn geweht sein müssen. Was sollte denn auch sonst schon passiert sein? Das solide alte Haus hat bisher jeden der starken Sommerwinde am Kap ausgehalten. Der starke Wind in den warmen Monaten, der uns Kapstädter von den heißen Temperaturen kühlt und durch die Straßen der Metropole braust, wird liebevoll „Cape Doctor" genannt. Warum? Er bläst alles davon, heult um die Häuser und pustet so manche Palme auf die Straße. Aber wir haben ja Winter. Ich wechsle von einem Radiosender zum anderen, nichts scheint meine Autofahrt entsprechend zu untermalen.

Ich denke an meinen Ex, mit dem ich heute ein heftiges Frühstücksgespräch hatte, das in ein fürchterliches Desaster ausgeartet ist. Das ich ihn Ex nenne, ist noch nicht lange her. Ich denke an die Wut, die ich gerade in mir habe, die sich in mir komprimiert und raus muss, aber nicht kann. Ich denke an die Momente, die mir bevorstehen, da wir noch immer unter dem gleichen Dach wohnen und an mein Schlafzimmer, das ich genau aus diesem Grund rundumerneuern möchte. Ich denke an das Haus, in dem ich lebe, das so zu mir passt und mit mir auf eine ganz besondere Weise tief verbunden ist und das mir so manche Geschichte erzählt hat. Gruselig, denke ich. Das kannst du ja keinem erzählen: Dein Haus spricht mit Dir. Wie auch immer, wir lieben uns.

Mit zwei großen Tüten bewappnet steige ich auf meine Veranda, und mit jeder Stufe werden meine Schritte langsamer und zögernder. Meine Stiefel treten auf Staub, und unter den Sohlen knirscht Schutt. Durch den Flur gehe ich geradewegs ins Wohnzimmer, wo mein Untermieter mit Besen und Schippe gerade dabei ist, massenweise dreckig-roten Staub von meinem Sofa zu klopfen. Der Schreck und meine Sprachfähigkeit bleiben mir im Halse stecken.

„Es war unglaublich", sagt er. „Es war wie im Film. Ich stehe in der Küche und mache mir eben einen Kaffee, da knallt es heftig im Schlafzimmer, und plötzlich heben sich die Decke und das Dach." Er spricht von einem Vakuum, dem Wind, meiner Katze, die auf meinem Bett lag, das anscheinend mit Steinen gepflastert ist und immer wieder davon, dass es doch heute nicht so windig sei.

Immer noch halte ich die Tüten mit den neuen Sachen in der Hand und trete in mein Lieblingszimmer. Ich muss auf einer Zeitreise sein, denke ich. Es scheint gerade so, als wäre ich fünfzig Jahre nicht mehr hier gewesen: Die Farbe der Vorhänge, der Bettwäsche, des Teppichs – unerkennbar. Erst vorgestern kam ich aus dem Urlaub zurück. Die frisch gewaschene Kleidung liegt schön zusammengefaltet, aber verstaubt, auf der Kommode. Die Zimmerdecke selbst sitzt fünfzehn Zentimeter höher als die Wände, und Tageslicht dringt an manchen Stellen von außen ein.

Noch immer bekomme ich kein Wort heraus. Ich schaue an mir hinunter und muss beim Anblick meiner Einkaufstüten lachen. Nun habe ich mir nichts sehnlicheres gewünscht als ein neues Zimmer, damit mir das alte nicht mehr im Weg stehen kann und meine Wunden heilen können. Eine solche Rundumerneuerung habe ich jedoch nicht erwartet. Die Vorhänge, die Bettwäsche kommen nun doch sehr gelegen. Nur gut, dass ich sie nicht einen Tag zuvor gekauft habe.

Bild 10: Anja Polaszewski – *Sonnenuntergang*

Melanie Scharley:
Eine Frage des Gewissens

Laura stand vor dem Drehständer mit Modeschmuck. Fast jeden Tag kam die Elfjährige hierher. Und nur aus einem Grund bestaunte sie jeden Tag die Ketten: Timo. Er war in ihrer Klasse und total süß. Und seine Ex-Freundin hatte immer Ketten getragen, lange, kurze, mit Perlen, Anhängern oder nur ein Band. Von diesem Mädchen wusste Laura, wie sehr Ketten Timo faszinierten. Damit sie ihm gefiel, brauchte sie unbedingt auch so eine Kette. Doch ihr Taschengeld reichte nicht aus. Solange sie sich keine leisten konnte, kam sie jeden Tag her, um sie zu bewundern und sich auszumalen, wie sie wohl um ihren Hals aussehen würden. Würde Timo sie dann bemerken? Laura freute sich schon auf morgen. Dann gab es Taschengeld, und das bedeutete, sie konnte sich endlich eine dieser Ketten leisten.

Am Tag darauf marschierte sie gleich nach der Schule wieder zum Laden. Gerade wollte sie ihn betreten, als ihr Blick auf einen Jungen vor der Eingangstür fiel. Er saß mit seinem Hund auf einer Decke und hatte einen Pappbecher vor sich stehen. Schnell wandte sie den Blick wieder ab. Ihr kam auf einmal der Gedanke, dass der Junge fürchterlich arm sein musste, wenn er sich vor das Geschäft setzte und bettelte. Sicher hatte er Hunger und der Hund auch. Vielleicht konnte er

noch nicht mal zur Schule gehen, so wie sie, weil er keine Eltern mehr hatte und deswegen Geld fürs Essen erbitten musste. Vielleicht fehlte den beiden ja auch ein Dach über dem Kopf, und sie mussten warten, bis es dunkel wurde und die Läden schlossen, bevor sie sich in einen Hauseingang setzen konnten. Mit einem energischen Kopfschütteln schob sie den Gedanken beiseite. Schließlich war sie aus einem bestimmten Grund hier. Endlich, sie war ihrem Wunsch so nah, eine Kette zu besitzen. Sie suchte sich sorgfältig eine besonders schöne aus und machte sich damit auf den Weg zur Kasse. Doch plötzlich blieb sie stehen. Tat sie wirklich das Richtige? Sollte sie nicht doch lieber ein bisschen Hundefutter für das Geld kaufen und dem armen Jungen mit dem mageren Hund schenken? Oder war nicht jeder selbst für sein Glück verantwortlich? Wenn sie auf ihr Glück – nämlich Timo zu gefallen – verzichtete, dann konnte sie jemand anderen glücklich machen. Doch wer kümmerte sich dann um sie? Na ja, im Gegensatz zu dem Jungen ging es ihr wirklich gut. Sie konnte zur Schule gehen, hatte ein schönes Zuhause, genug zu essen, liebende Eltern, viele Freunde und sogar Taschengeld. Für ihn war alles sicher nicht so selbstverständlich. Sie hatte ein gutes Herz, das sagte auch ihre Großmutter. Doch andererseits hatte sie lange auf diese Kette gespart. Wenn sie jetzt nachgeben würde, käme sie nie an ihr Ziel. Aber was war schon eine Kette im Vergleich zu einem Menschen und einem Tier?
Seufzend hängte sie das Schmuckstück zurück an seinen Platz und nahm stattdessen einen großen Kauknochen, zwei Sandwiches und zwei Fläschchen Limonade. Als Laura aus dem

Laden in die Sonne trat, wurde sie unsicher. Sie hatte ein mul-
miges Gefühl im Bauch. War das wirklich so eine gute Idee?
Vielleicht wollte der Junge ihre Hilfe ja gar nicht. Zweifelnd
musterte sie ihn, als er ihr freundlich zulächelte. Laura gab
sich einen Ruck und sprach ihn an.

„Hallo", sagte sie.

„Hallo", entgegnete er. „Ich bin Jakob. Und du?"

„Laura."

„Willst du dich einen Moment zu uns setzen? Das ist Jim." Er
zeigte auf den Hund, der neugierig den Kopf hob und an Lau-
ras Jeans schnüffelte. Sie ließ sich neben den Jungen auf die
Decke fallen.

„Hier, das habe ich euch mitgebracht." Sie reichte ihm Limo,
Sandwiches und den Knochen.

„Was, wirklich? Für uns?" Laura nickte.

„Aber du wolltest doch unbedingt eine Kette."

„Woher weißt du das denn?", fragte Laura erstaunt.

„Ich hab dich jeden Tag durch die Schaufenster gesehen."

„Oh ... Weißt du, das ist nicht so wichtig. Ich glaube, so ist es
besser."

Jakob lächelte, gab Jim den Knochen und flüsterte: „Danke."

Jana Schmidt:
Das kleine Licht

Ich hatte mir vorgenommen, heute mal länger zu schlafen. So bis neun Uhr wäre gut gewesen. Doch wie jedes Wochenende wachte ich mit den Kohlmeisen in meinem Garten auf, die schon gegen drei Uhr der Sonne entgegen zwitschern. Ich döste noch ein bisschen vor mich hin und dachte an die letzte Woche in der Schule, die sehr anstrengend war, weil das Sommerfest bald stattfinden sollte. Die Temperaturen waren sehr heiß, und es hatte seit Wochen nicht mehr geregnet, was sehr ungewöhnlich für unser Gebiet war. Auch die Kinder litten unter der Hitze und konnten sich kaum konzentrieren. Unser Konrektor versuchte uns wie immer mit einem seiner Sprüche bei Laune zu halten, doch irgendwie wollte uns Lehrern kein strahlendes Lächeln gelingen. Bei den jüngeren Lehrerinnen wurde die Kleidung immer weniger und kürzer, was wiederum einigen der Herren gefiel.

Bald würden ja die ersehnten Sommerferien kommen, sinnierte ich mit geschlossenen Augen, als ich ein Klopfen an der Fensterscheibe vernahm. In dieser Höhe konnte ja eigentlich niemand klopfen, dachte ich und öffnete die Augen, als ich ein zweites Mal dieses leise, zaghafte Klopfen vernahm. Bestimmt eine dicke Hummel oder ein Vogel, der sich verirrt hatte … Und so tappte ich im schimmernden Morgendunkel zum

Jana Schmidt: Das kleine Licht

Fenster und schaute mit klopfendem Herzen hinaus. Was ich da erblickte, was ich da schweben sah, konnte ich nicht glauben: Ein ganz winziges Licht, eine kleine Leuchtkugel flog genau vor der Scheibe hin und her. Was sollte das sein? Ich traute meinen Augen nicht und beschloss, erst mal diese kleine Erscheinung vor meinem Schlafzimmerfenster zu ignorieren. Vielleicht träume ich ja noch, dachte ich und tastete mich noch im Dunkel zum Bad, um mich mit kaltem Wasser in den Augen auf den Boden der Tatsachen zurückzubringen. Danach wollte ich mich wie jeden Morgen auf der großen Wiese in meinem Garten ausgiebig meiner Gymnastik hingeben. Das befreit den Geist und trennt Wesentliches vom Unwesentlichen.

In meinem Kopf hatte ich auch schon erfreulich das kleine Licht verdrängt, weil ich auf dem Weg zum Garten mit voller Sorge an meine Tomatenpflanzen dachte, die einfach nicht gedeihen wollten. Ich hatte schon alles Erdenkliche versucht, mich im ökologischen Pflanzenanbau geschult und erbärmlich stinkende Brennnesseljauche zur Stärkung der Pflanzen gemacht. Alle Pflanzen ringsherum, ob Gemüse oder Obstsorten, gediehen prächtig und machten mich sehr glücklich, nur den Tomatenpflanzen wollte es nicht gut gehen. Ich war mit meinem Gärtnerlatein am Ende.

Während ich bei meinen Übungen an diesem Morgen darüber nachdachte, erschien mir plötzlich wieder dieses kleine Licht. Okay, dachte ich, nun kann ich es wohl nicht länger ignorieren. Das Licht zog mich magisch an – und mit sich. Plötzlich stoppte es. Erst jetzt bemerkte ich, wo wir standen: an den Tomatenpflanzen. Ich wusste nicht, warum, wieso, weshalb dann das geschah, was ich bis heute als ein tiefes Geheimnis in mir trage.

Ich betrachtete das Licht voller Spannung, Ergriffenheit, aber auch Angst. Und dann passierte etwas ganz Außergewöhnliches: Das Licht berührte ganz sanft jede einzelne Tomatenpflanze an seiner obersten Blattspitze. Es hüpfte von Blatt zu Blatt, als hätte es Freude daran, und als auch die letzte Pflanze mit ihm in Kontakt gekommen war, kam es noch mal ganz nah an mein Gesicht. Ich konnte ein Kribbeln auf meiner Haut spüren, dann flog es mit großer Geschwindigkeit in den Himmel, der aufgehenden Sonne entgegen. Schon das allein war schwer zu fassen, doch was dann geschah, war einfach unglaublich. Jede der Tomatenpflanzen begann sich auf einmal zu recken und zu strecken und wuchs, bis sie alle meine Körperhöhe erreichten. Die Pflanzen waren saftig grün und voller Blüten. Sie versprühten diesen süßlichen Duft, der mich ins Wanken geraten ließ.

Ich war tief ergriffen und konnte mein Glück kaum glauben – geschweige denn, dass mir jemand anderes geglaubt hätte, was an diesem Morgen geschehen war.

Ich ging zurück auf meine Wiese, spürte das kühle Nass an meinen Füßen, und beschloss, dass ich dieses Geschenk immer für mich behalten würde und es als Schatz in meinem Herzen und als Gedanken der Freude in meinem Geiste tragen würde.

In den nächsten Wochen bemerkte ich an mir eine ganz kleine, fast unmerkliche Veränderung: Ich freute mich viel mehr, lächelte selbst dann, wenn niemand da war. Auch über die Späße der Kinder oder des Konrektors musste ich herzhaft lachen. Als mich deswegen einige Kolleginnen ansprachen, wusste ich, woher die Veränderung kam. Als ich dann noch mit einer reichen Tomatenernte beschenkt wurde, war ich sogar in der Lage, mein Glück zu teilen. Da die Pflanzen über mehrere Monate hinweg außergewöhnlich viele Früchte hervorbrachten, nahm ich jede Woche ein paar Körbe mit, die ich dann an die Kollegen verschenkte.

Alle lobten den ausgezeichneten, süßlichen Geschmack der Tomaten und waren erstaunt über die reiche Ernte. Einige machten Ketchup daraus oder legten sie ein, andere stellten Tomatensaft her, den sie dann wiederum mir als Geschenk mitbrachten. Und ich dachte zurück an mein kleines Licht, mein Geheimnis, das ein Geben und Nehmen ermöglicht und Menschenherzen berührt hatte.

Jana Schmidt:
Ein schlafender Mann

D u liegst tief im Schlaf, fernen Welten entschwunden, so weit weg von hier, und doch liegst du neben mir, so nah. Ich schaue dir zu bei deinem Schlaf. Beobachte deinen Körper, in dem so viel Liebe schlummert. Beobachte deinen Atem, wie er deine Brust ganz leise hebt und senkt, so sanft und ruhig, als hättest du die Zeit der Welt, als würde sie gar nicht existieren.

Was träumst du?

Eingekuschelt, in Träumen versunken, schaut nur dein Kopf hervor, eine Hand will schüchtern grüßen. Und ich frage mich: Wie stark deine Finger doch sind, wie viel sie schon angefasst, gespürt, empfunden haben müssen, wie sich die zarten Haare um deinen Arm winden?

Nun träume ich wohl, betrachte einen schlafenden Mann, bin ganz versunken.

Du bewegst dich ganz leicht, doch ich merke es, bist in Wärme eingehüllt wie ein kleines Kind, das geliebt und geborgen ist. Dein Gesicht ist ganz entspannt und mir zugewandt, doch scheint es nur mit dir träumen zu wollen. Was träumst du gerade? Was für Kämpfe stehst du jetzt aus? Ganz unmerklich bewegst du deine Augenbraue, deinen Nasenflügel, deine Lippen, die so viel zu sagen haben. Was möchtest du mir sagen?

Nun träume ich wohl, betrachte einen schlafenden Mann, bin ganz versunken.

Deine tiefe Ruhe wirkt nun auch auf mich, dass meine Augen wieder schwer werden und ich schlummernd in meine Traumwelt gleite, doch gerade noch denken kann, dass ein schlafender Mann doch vollkommen sanft und friedlich wirken kann, wie auch er, wie alle schlafenden Menschen, dem wachen Kinde gleich, ganz bei sich selbst ist.

Ella Schneider:
Mein Stückchen vom Glück

Es gibt so viele Anteile des Glücks, wenn sich die Gedanken in diesem Bereich bewegen. Ein gutes Dach über dem Kopf. Oder alle Tage etwas zu essen und zu trinken. Sowie ein Auto, das fährt. Familie, die zu einem hält, auch Freunde, die da sind. Sicher, auch das Geld, das sooooo ruhige Träume macht, wenn es am Monatsende aufs Konto kommt!

Ich denke eher an einen viel schöneren Bereich: Liebe! Liebe von Mensch zu Mensch, in der Partnerschaft, zwischen Eltern und Kindern.

Doch für mich ist die Liebe, die ein Enkelkind bewegen kann, ganz einmalig. Unsere kleine Lucia ist nun schon vier Jahre alt. Ich könnte ihr stundenlang zusehen, wie liebevoll sie den Geburtstag von Dumbo, ihrem kleinen grünen Elefanten, feiert. Oder auch vom Einhörnchen. Sie richtet den „Tisch" (das ist ein großer Karton) für alle Gäste. Das sind die Kuscheltiere. Die Stühle werden extra aus mehreren Bauelementen wie Dosen aufgebaut, so dass auch Bären gut sitzen können. Teller, Gläschen, „Kuchen": Alles stellt sie liebevoll hin. Verziert den Tisch mit Diamanten und Blütenköpfchen. Sie setzt sich dazu und ist glücklich. Wunderbar ist es auch, wenn ein Tierchen krank ist, wie sie es pflegt. Letztens war es das Käferchen. Es bekommt ein Bettchen, sogar ein Zimmer, eine Farbspielleuchte als Licht. Medizin, Essen, Trinken, auch Wärme. Sie liest ihm sogar noch etwas vor. Es tut so gut, die Leichtigkeit eines Kindes zu sehen, die Freude, die im Spiel zu erkennen ist.

Das Allerschönste aber ist, wie herzlich, ehrlich und unberechnend das Mädchen sein kann. Manchmal gibt es Tage, da muss man einfach mal strenger reden. Vor kurzem fragte sie mich: „Schimpfst du mich jetzt, Oma?" Das ist ein eigenartiger Moment, wenn einem klar wird: Das Kind wollte einen gar nicht verärgern!

Wenn ich Lucy am Abend ins Bettle bringe, muss ich immer bleiben, bis sie fest eingeschlafen ist. Sie schaut mich dann an mit ihren braungrünblauen Augen, streichelt meine Wange, hält meine Schulter fest und flüstert: „Oma, ich liebe dich so sehr!" Wenn ein kleiner Mensch dies ohne Berechnung aus tiefem Herzensgrund so innig spricht: Das ist unbeschreibliches Glück.

Britte Soedersen:
Berührungen

W enn Du mich berührst,
fallen Regentropfen auf eine staubige Landstraße.

Wenn Du mich berührst,
streicht der Sommerwind über ein Kornfeld.

Wenn Du mich berührst,
fallen Lichtstrahlen durch die Blätter der Baumkronen.

Wenn Du mich berührst,
spiegelt sich Dein Gesicht im Wasser eines klaren Sees.

Wenn Du mich berührst,
tanzt ein Fohlen auf einer Sommerwiese.

Wenn Du mich berührst,
sprudelt eine Quelle im Schatten der Bäume.

Wenn Du mich berührst,
leuchten die Sterne.

Britte Soedersen: Berührungen

Wenn Du mich berührst,
ist die Einsamkeit verloren.

Wenn Du mich berührst,
scheint alles nur für mich gemacht.

Kerstin Wadehn:
Herbstmelodie

Rudolph dachte gerade darüber nach, ob er in der Eile etwas vergessen hatte, als er über seine offenen Schnürsenkel stolperte. Sein auf den Rücken geschnalltes Saxophon schnellte nach vorne und brachte das auf seiner rechten Handfläche geparkte Goldfischglas mit Odysseus und Mäxchen bedrohlich ins Schwanken. Rudolph ruderte hektisch nach links und nach rechts, balancierte das Glas mit akrobatisch anmutendem Geschick und bewahrte so seine Goldfisch-Herren-WG gerade noch vor einer unsicheren Zukunft in der Kanalisation.

„Herrje", murmelte er und versuchte mit der linken Hand, seine verrutschte Haartracht wieder in Position zu bringen. Joséphine war an allem Schuld. Joséphine und ihre äußerst zwiespältigen Gefühle für ihn. Hätte sie ihn heute Morgen nicht spontan vor die Tür gesetzt, wäre das alles nicht passiert. In seine kleine Wohnung konnte er nicht zurück. Dort wohnte seine Nichte Isabelle, die jetzt Philosophie studierte, was ihre Mutter wenig begeisterte, er jedoch sehr schön fand. Deshalb hatte er Isabelle auch helfen wollen, als sie vor ein paar Monaten mit zwei Koffern vor seiner Tür stand. Rudolph ging zum Gasthof „Grüner Baum", ließ den missbilligenden Blick der mürrischen Wirtin auf Instrument und Getier über sich ergehen und mietete ein kleines, abgewohntes Zimmer.

Kerstin Wadehn: Herbstmelodie

Danach kehrte er noch einmal zurück zu Joséphines Haus, hoffte und bangte, ihr zu begegnen und holte sein klappriges Hollandrad vom Hof. Langsam fuhr er durch die Straßen hinaus zum Stadtrand und hielt auf dem Niederacker Feld. Hier, wo weit und breit keine Menschenseele zu sehen war, würde er niemanden stören. Rudolph war ein wenig melancholisch gestimmt, und seine traurigen Melodien verloren sich in der spätherbstlichen Weite der Stoppelfelder. Er wäre so gern Musiker geworden, die Eltern hatten jedoch kein Geld, damals war der Krieg gerade zu Ende, und da hatte keiner Geld. Auf dem Flohmarkt fand er dann Jahre später das alte Saxophon. Es klang etwas schief, und sie passten gut zusammen, sein Saxophon und er. Er spielte abends und am Wochenende und arbeitete ansonsten im Amt, schon über fünfunddreißig Jahre, in der Verwaltung, denn das konnte er gut, verwalten. Und mit fast achtundfünfzig Jahren hatte man sich mit allem eingerichtet. Wenn Joséphine nur ...

„Hallo?"

Rudolph zuckte zusammen, so sehr war er in Gedanken und Musik versunken. „Ja ... äh ... was ...?" Hinter ihm stieg ein junger Mann von seinem Fahrrad.

„Entschuldigen Sie, ich wollte Sie nicht erschrecken." Er gab Rudolph lächelnd die Hand. „Florian Segers."

„Sehr angenehm. Rudolph Maximilian Ludwig Strobel, aber Sie können Rudolph zu mir sagen."

„Sie spielen einfach phantastisch, Rudolph."

„Ich ..."

„Jetzt fehlt Ihnen nur noch das richtige Publikum", stellte

Herr Segers fest. Rudolph schluckte.

„Mir gehört ein Jazz-Keller in der Stadt. Ich würde Sie gerne einladen, dort aufzutreten. Hätten Sie heute Abend Zeit?"

Rudolph starrte verdutzt auf die Visitenkarte, die Herr Segers im entgegenstreckte. „Ja, aber ... ich ..."

„Also ja? So gegen acht? Ich freue mich!"

Florian Segers drückte ihm noch einmal fest die Hand, stieg auf sein Fahrrad, winkte und radelte davon. Rudolph sah ihm lange nach. Am Abend stand er unentschlossen vor dem Eingang des Jazz-Clubs. Noch nie hatte er für irgendjemand anderen gespielt als für Odysseus und Mäxchen, die das Notenrauschen im Schutz der Wasserpflanzen mit stoischem Gleichmut über sich ergehen ließen. Für ihren stummen Beifall aus elegantem Flossenschlagen bedankte er sich stets mit einer formvollendeten Verbeugung und einer Extraportion Futter. Also warum sollte er nun ...? Er wollte gerade umdrehen und gehen, als Florian Segers ihm strahlend entgegenkam. „Rudolph. Wie schön, dass Sie gekommen sind. Immer hinein in die gute Stube!" Segers schob ihn die enge Wendeltreppe hinunter in den Gewölbekeller. Überall brannten Kerzen und tauchten die nackten Steinwände in sanftes Licht. Die Gäste saßen in gemütlichen Sofaecken, ein Pianist spielte eine leichte Kaffeehausmelodie. Als er Florian Segers mit Rudolph auf die kleine Bühne zukommen sah, ließ er sein Spiel ausklingen und nickte Rudolph freundlich zu.

„Liebe Gäste! Ich möchte Ihnen einen Mann vorstellen, der zaubern kann. Selten hat mich jemand mit seinem Instrument so in den Bann gezogen wie er, und ich konnte ihn überreden,

Kerstin Wadehn: Herbstmelodie

heute Abend bei uns zu sein." Während man ihn mit warmem Applaus willkommen hieß, hielt sich Rudolph verlegen an seinem Saxophon fest. Er schloss einen Moment die Augen. Dann stellte er sich einfach vor, er stünde wieder auf dem Niederacker Feld, vergaß all die Menschen und spielte, was ihm in den Sinn kam. Als er aufhörte, war es für einen Moment totenstill. Dann begannen sie zu klatschen – und wollten gar nicht wieder aufhören. Rudolph stand wie angewurzelt da, zwickte sich in den Arm und wischte sich verwirrt eine Träne aus dem Augenwinkel.

Ein paar Wochen später verließ er mit einem kleinen Karton unter dem Arm zum letzten Mal das Amt.

Kerstin Wadehn:
Nacht in Bangkok

Gewitterregen prasselte aufs Dach, und in der Ferne grollte der Donner. Eingelullt von Dämmerlicht, Räucherstäbchen und leiser Thai-Musik lag ich bäuchlings, schwer und entspannt auf der Pritsche. Zwei kleine Hände bearbeiteten resolut und zärtlich zugleich meinen Rücken und schienen genau zu wissen, wo meine Verspannungen saßen. Kurz bevor ich einschlief, gab mir die junge Frau lächelnd zu verstehen, dass die Zeit um war und ich mich wieder anziehen konnte. Frank grinste, als er meinen verklärten Gesichtsausdruck sah.

„Kannst du verstehen, warum ich hier öfter herkomme?"

„Hmmm", brummte ich zufrieden.

Bangkok, oriental setting ...[7]

Draußen schlug uns dicke, schwüle Luft entgegen. Die Straße dampfte, und alles Leben, das einen Moment lang vor dem Regenguss Schutz gesucht hatte, kehrte lärmend zurück. Ich hakte mich bei Frank unter.

„Und was machen wir nun mit dem angebrochenen Abend?"

„Jetzt lernst du Bangkok bei Nacht kennen! Du hast ja außer

---

7 Anmerkung der Autorin: Die eingefügten Song-Zeilen stammen aus dem Hit „One Night in Bangkok" aus dem Musical „Chess", interpretiert von Murray Head (1984). Wie eine Hymne erklingt der Song bis heute in den Bars und Nachtclubs der thailändischen Hauptstadt.

Kerstin Wadehn: Nacht in Bangkok

Flughafen und verstopften Straßen noch nicht viel gesehen."
Frank war gleich nach unserem Studium vor einigen Jahren
nach Thailand gezogen, und ich überließ ihm gerne die Füh-
rung. Ich hatte ein paar anstrengende Arbeitswochen hinter
mir und seine spontane Einladung dankbar angenommen. Wir
stiegen in ein Taxi, ich versank in abgewetztem Kunstleder
und wunderte mich angesichts der vielen losen Kabel, die aus
dem Armaturenbrett baumelten, wie dieses Vehikel überhaupt
noch mit dem atemberaubenden Tempo auf der Sukhumvit
Road mithalten konnte. Autos, Motorräder und Tuk Tuks[8] ver-
knäulten sich an den Kreuzungen zu scheinbar unauflösbaren
Knoten, standen sekundenlang still und brausten dann lautstark in alle Himmelsrichtungen weiter. Menschenmassen
tummelten sich auf den Gehwegen, in den Läden und Restau-
rants. Fliegende Händler boten ihre Waren an, und überall
dampfte es aus zahllosen Garküchen. Diese quirlige Stadt zog
mich sofort in ihren Bann. Trotz wohliger Müdigkeit nach der
Massage, war ich begierig, mich mitten ins bunte Treiben zu
stürzen. Dieser Hunger nach Lebendigkeit war mir fremd geworden. Im fernen Deutschland war alles sorgfältig organi-
siert. Ich überließ nichts dem Zufall und pflegte meine Routi-
nen liebevoll, halfen sie mir doch weiterzuleben als wäre
nichts geschehen.
Time flies – doesn't seem a minute ...
„Anna?" Frank riss mich aus meinen Gedanken. „Du warst ja
gerade ganz woanders!"

---

8   Anmerkung der Herausgeberin: Das „Tuk Tuk" ist eine Auto- oder
    Motorradrikscha in Asien.

„Entschuldige bitte, ich bin völlig fasziniert und freue mich so, mal weg von allem zu sein."

„Dann hat mich mein Eindruck ja nicht getäuscht. Deine letzten Mails klangen nach viel zu viel Arbeit und viel zu wenig Leben." Er lächelte. „Aber jetzt bist du ja hier! Und ich entführe dich als Erstes in meinen Lieblingsclub. Keine Angst, es ist keine Gogo-Bar der übleren Sorte." Er zwinkerte mir zu. Frank war seit jeher kein Kind von Traurigkeit, und ich konnte mir gut vorstellen, dass die Mädchen hier auf diesen hübschen, blonden Charmeur flogen.

„Hier ist es", sagte Frank. Vor uns tat sich ein Lichtermeer auf, in dem es vor Nachtschwärmern nur so wimmelte. Der Taxifahrer bremste abrupt, Frank drückte ihm ein paar zerknitterte Scheine in die Hand. Wir sprangen aus dem Wagen und stiegen eine Holztreppe hinauf. Vor einer Bar stürzte eine dicke, ältere Frau auf Frank zu und drückte ihn fest an ihren enormen Busen. „Frankie, my darling!" Mich musterte sie unverhohlen mit einem neugierigen Seitenblick. Nachdem Frank ihr etwas ins Ohr geflüstert hatte, strahlte sie, umarmte mich und schob uns energisch durch die Tür. „Come in, come in!"

„Was hast du ihr erzählt?", wollte ich wissen.

„Dass du meine Schwester bist", feixte Frank.

„Wie bitte?"

„Mama-san[9] gehört der Laden, und du bist auch als Frau herzlich willkommen. Aber ich will es mir hier ja nicht mit meinen kleinen Freundinnen verscherzen."

---

9 Anmerkung der Herausgeberin: „Mama-san" ist ein asiatischer Begriff für eine Barfrau, die gut zuhören kann und Mütterlichkeit ausstrahlt.

Kerstin Wadehn: Nacht in Bangkok

„Mistkerl." Ich schmunzelte.

Dichter Trockeneisnebel verschluckte uns, Lichterblitze zuckten, Musik dröhnte.

One night in Bangkok and the world's your oyster ...

Leichtbekleidete Mädchen tanzten auf der Bühne. Ich fühlte mich sofort beklommen, so als täte ich etwas Verbotenes. Wie eine Spannerin. Unter den Gästen fand mein nervös suchender Blick keine andere Frau.

... the bars are temples but the pearls ain't free ...

Frank war sofort von einigen Mädchen umringt und stellte mich vor. Freundlich wurde ich in ihren Kreis aufgenommen, umarmt, sie redeten auf mich ein, ich verstand kein Wort und entspannte mich langsam beim ersten Bier.

You'll find a god in every golden cloister, and if you're lucky then the god's a she ...

Die jungen Frauen waren schön und sinnlich. Jede freundliche Berührung, jedes Lächeln ließ mich erschaudern ... so zarte Haut ... wie Lisa ...

A little flesh, a little history, I can feel an angel sliding up to me ...

Gegenüber saßen an der Bühne aufgereiht Männer westlicher Couleur, Farangs[10], selig grinsend, gaffend. Verkappte Helden. Und zu Hause schafft ihr es nicht einmal, eine Frau nach dem Weg zu fragen, dachte ich angewidert.

One night in Bangkok makes a hard man humble, not much between despair and ecstasy ...

Mir wurde plötzlich schwindelig. Ich musste raus hier, Luft

---

10 Anmerkung der Herausgeberin: Im umgangssprachlichen Thai meint
    „Farang" den Ausländer mit weißer Hautfarbe.

holen, einen Moment allein sein.

„Bin gleich wieder da!", rief ich Frank zu und bahnte mir einen Weg durch die Menge zum Ausgang. Ich hastete die Treppe hinunter und verschwand hinter dem Haus. Finster war es hier. Zwischen Mülltonnen und Flaschenkisten lehnte ich mich an die Wand und atmete tief durch. Plötzlich hörte ich ein Geräusch. Glas splitterte. Dann eine Stimme. Ein Mann fluchte: „Jetzt hab dich nicht so! Erst anmachen und dann rumzicken!"

I can feel the devil walking next to me ...

Meine Augen gewöhnten sich an die Dunkelheit. Der Kerl hatte das Mädchen gepackt, gegen die Wand gedrückt und ihr dünnes Kleid hochgeschoben. Sie stemmte sich mit aller Kraft gegen ihn und wimmerte.

I'm only watching the game ...

Lisa. Auf dem Boden im Gartenhaus.

„Lass mich los! Nein!" „Du verdammtes Flittchen, stell dich nicht so an!"

„Nein!!!" Eine Hand an ihrer Kehle ... Die andere zwischen ihren Beinen ... Ich bekomme keine Luft mehr ... Die Stricke schneiden mir in die Handgelenke ... Der Fremde ... Auf meiner Schwester ... Ich kann nicht zu ihr ... Nein, bitte nicht ... Sie ist elf ... Bitte nicht ...

... controlling it.

Mit einem erstickten Schrei springe ich vor und stoße ihn mit aller Kraft von dem Mädchen weg. Überrascht taumelt er und stürzt. „Was zum Teufel ... ?!"

„Lass deine dreckigen Flossen von ihr!", brülle ich und ziehe sie schnell an meine Seite.

„Du blöde Schlampe! Sind doch eh alles nur Nutten!"

„Weg von hier", zische ich und packe ihre kleine Hand.

Wir rennen die Sukhumvit Road entlang bis uns die Luft weg-
bleibt. Mein Herz rast, ich zittere am ganzen Leib. Das Mädchen ist vielleicht vierzehn, fünfzehn, wunderhübsch und
sieht mich mit großen dunklen Augen verstört an. Sie streckt
die Arme aus, und wir halten uns eine Ewigkeit lang aneinander fest. Ich fahre ihr sanft über das erhitzte Gesicht. „Wie
heißt du? Your name?"

„Shalini", sagt sie und flüstert etwas auf Thai.

Ich verstehe ihre Worte nicht. Es ist nicht wichtig. Wir sinken
erschöpft auf die Treppenstufen eines Kaufhauses. Sie rollt
sich zusammen und legt den Kopf in meinen Schoß. Ich
streichle unablässig ihr langes, schwarzes Haar.

Die Geister nimmt sie mit in den Schlaf.

Nadine Wittorf:
Glücksfee

V ergnügt schlenderte die junge Frau an den unzähligen Buden entlang. Jede lockte mit ihren Reizen, um die Menschen auf ganz besondere Weise zu verzaubern. Schmunzelnd betrachtete Karin Kinder und Erwachsene die verschiedensten Aktivitäten ausüben. Ihr Blick verweilte einen Moment an einem Eisstand. Nicht die Süßigkeit erregte ihre Aufmerksamkeit, es war ein junger Mann. Fasziniert beobachtete sie die sanfte Mimik seiner Gesichtszüge. Plötzlich sah er auf, kurz trafen sich ihre Blicke. Zerstreut lächelte sie, zwang sich weiterzugehen. Ihr fiel der Schießstand auf, der an die Bude „Losglück" angrenzte. Munter trat sie vor, reichte dem Standbesitzer das nötige Bargeld. Sogleich hob sie das leichte Gewehr an ihre Schultern, zielte, schoss. Dumpf hallten die Schüsse wider. Mochte sie auch eine ausgesprochene Freude daran finden, so fand doch keines der Geschosse ein geeignetes Ziel. Seufzend setzte sie ab, null Punkte. Karin lächelte über ihren Misserfolg, war sie doch noch nie eine gute Schützin gewesen. Kopfschüttelnd wandte sie sich ab. Der junge Mann stand unweit von ihr, amüsiert betrachtete er sie.

„Möchten sie meine Lose ziehen?"

„Ich glaube nicht, dass ich als Glücksfee tauge", lachte sie. Er musterte sie aufmerksam. „Ein Versuch sollte es wert sein …

Nadine Wittorf: Glücksfee

Kommen Sie." Vorsichtig nahm er ihre Hand, führte sie an den Behälter, in dem die Lose lagen.

„Bitte. Ziehen Sie zwei."

„Nur zwei?" Karin sah ihn an. Er nickte stumm. Sachte griff sie nach den Losen, brachte sie durcheinander, um schließlich ein rotgefärbtes und ein blaugefärbtes hinauszuziehen. Auf der Handfläche präsentierte sie die Papierröllchen. Seine Augen strahlten, sanft nahm er das rote Los, um es zu öffnen, deutete auf das andere.

„Das gehört Ihnen, öffnen Sie es." Seufzend machte sich Karin daran, das blaue Papier zu öffnen.

„Eine Niete", erklärte sie mit leichter Entrüstung und warf es in den dafür vorgesehenen Eimer. Lachend entrollte er sein Los, schmunzelnd nickte er ihr zu. „Ebenso." Das Papierröllchen ließ er jedoch in seiner Tasche verschwinden.

„Würden sie trotzdem einen Kaffee mit mir trinken, als kleine Wiedergutmachung?" Karin stimmte nur zu gern zu.

Wenig später saßen sie in einem kleinen Café nahe der Kirmes. Nach reger Unterhaltung wendete sie das Thema auf die Lose zurück.

„Es tut mir Leid, dass ich Sie um Ihr Glück gebracht habe." Zunächst schaute er ernüchtert drein, dann lag plötzlich ein Funkeln in seinen Augen. Er ergriff ihre Hand, blickte sie zärtlich an und schob ihr das rote Los zu. „Nicht ganz."

Karin erstarrte, sobald sie die Bedeutung erkannte.

„Möglich, dass *du* genau das für mich bist", sagte sie.

Sein Blick senkte sich in ihren, und ab dem Moment erschien ihr nichts wichtiger als der Mann vor ihr. Sanft schob sie das rote Papier zur Seite. Ein Windhauch drehte es auf den Rücken, sodass die kleine Aufschrift zu entziffern war. In eleganter, schlichter Schrift prangte das Wort: Hauptgewinn.

ÜBER DIE BETEILIGTEN KÜNSTLER

Kurzportraits

Backus, Thomas
Geboren 1969 in Biedenkopf. Arbeitet als freier Journalist. Veröffentlicht Science-Fiction-, Grusel- und Fantasygeschichten in Magazinen und Anthologien, aber auch Märchen und Kindergeschichten. Wurde 2002 mit dem Marburg Award ausgezeichnet. Mehr auf seiner Website: backus.blogg.de

Bauer, Hermann
Geboren 1951 in München. Veröffentlichung von Kurzgeschichten, Reisereportagen, Märchen, Lyrik in Büchern, Anthologien, Zeitschriften, Zeitungen und Kalendern in Deutschland, Österreich, der Schweiz, Frankreich und als Übersetzungen in Vietnam. Sendungen im Rundfunk. Tritt auch als Kabarettist auf. Lebt in München.

Bessen, Gaby
Geboren 1954 in Recklinghausen. Lehrerin für Englisch und Erdkunde an einer Brandenburger Gesamtschule mit gymnasialer Oberstufe. Autorin von drei Büchern mit Kurzgeschichten und Gedichten: *Schillernd wie Seifenblasen*, 2009; *Kirschmundgeflüster*, 2009 und: *Ein prima Klima*, 2010, alle veröffentlicht bei Books on Demand, Norderstedt. Website: www.annalenaslesestuebchen.wordpress.com

Kurzportraits

Brandt, Susanne
Geboren 1964 in Hamburg. Studium: Bibliothekswesen und Kulturwissenschaften. Lektorin: Büchereizentrale Schleswig-Holstein. Seit 1995 Buchveröffentlichungen in verschiedenen Verlagen, Beiträge in Zeitschriften und Anthologien; Referentin für pädagogische/kulturelle Projekte. Auszeichnungen im Bereich Lyrik und Liedertexte, u.a.: beim Kunstpreis Bad Zwischenahn 2006 und 2008, beim Paul-Gerhardt-Liederwettbewerb 2007, beim Schreibwettbewerb der Stadt Schwerin 2009. Mitglied im Verband deutscher Schriftsteller und bei der europäischen Autorenvereinigung „Die Kogge". Lebt in Flensburg.

Dressel, Ingrid
Geboren 1954 in Witten. Diplom-Designerin. Schrieb zunächst Lieder, dann auch Gedichte und Geschichten. Veröffentlichungen in verschiedenen Verlagen, darunter zwei Beiträge in *Liebe ... und Liebe lassen* (Hrsg. Anja Polaszewski), polamedia Verlag Anja Polaszewski, 2009; zahlreiche Gedichte und Geschichten im Elbverlag (*Fass mich nicht an*, 2011; *Die Pastorin*, 2011 u.a.) und net-Vlg (*Das Traumurteil*, 2010; *Einkaufsdialog*, 2011). Lesungen in Gemeinschaftsprojekten. Vier Jahre Mitgliedschaft in den Schreibwerkstätten (Pamela Granderath, Sascha Pranschke, Witten und Dr. Anja Liedke, Bochum). Lebt in Bochum.

Eckhoff, Birgit
Geboren 1971 im niedersächsischen Quakenbrück. Pädagogische Mitarbeiterin, selbständige Fitnesstrainerin mit eigenem

Studio, Mutter. Hobbys und Interessen: Sport, kreatives Gestalten jeglicher Art. www.facebook.com/fitnesscenter.eckhoff

Heichel, Silke
Geboren 1976 im Emsland. Verheiratet und Mutter zweier Kinder. Lebt und arbeitet im Rheinland. Von Beruf Beamtin. Schreibt Gedichte, Kurzgeschichten und Romane. Veröffentlichung von Gedichten in: *Ausgewählte Werke*, Bibliothek deutschsprachiger Gedichte; Kurzgeschichte/Gedicht in: *Glückssache*, polamedia Verlag.

Heil, Monika
Geboren 1945 in Wippra (Südharz). Verheiratet. Früher Anwaltsgehilfin, seit 2005 im Ruhestand. Absolventin der Axel-Andersson-Akademie. Viele Jahre Mitglied im Deutschen Autorenverband. Ehemalige Leiterin einer Schreibwerkstatt.
Schreibt Lyrik und Kurzgeschichten. Erster Roman in Arbeit. Veröffentlichungen unter anderem in Anthologien, Literaturzeitschriften, Tageszeitungen und überregionalen Zeitschriften.

Hlawatsch, Sandra
Geboren 1978 in Ingolstadt. Die Wurzeln ihrer Familie liegen in Nordböhmen bei Liberec/Tschechien. Studium der Sprach- und Literaturwissenschaft. Redakteurin bei der daz (Deutsche Angst-Zeitschrift). Schreibt an ihrer Dissertation über Franz Kafka und Daniil Charms. Veröffentlichung von Kurzgeschichten in Literaturzeitschriften und Anthologien, darunter:

Kurzportraits

Schatten im Lichtermeer, in: Arne Hilke (Hrsg.): *Block-Satz – Anthologie zum Stichwort: Großstadt; Das Steinchen*, in: Anja Polaszewski (Hrsg.): *Liebe ... und Liebe lassen*. Lebt in München.

Kühn, Monika
Geboren 1943 in Krefeld. Studium der Pädagogik in Neuss. Bis 2008 Lehrerin an einer Hauptschule in Krefeld mit den Fächern Kunst, Deutsch und Geschichte. Verheiratet, ein Sohn. Veröffentlichungen u.a.: *Märchen von starken Frauen* (Hrsg.), dtv München, 1991; *Karagöz und Rumpelstilzchen. Türkisches und deutsches Schattentheater*, Verlag Ludwig Auer Donauwörth, 1994. *Druckgrafik für Einsteiger*, Augustus Verlag München, 2000; Veröffentlichung von Beiträgen in verschiedenen Anthologien.

Lindner, Martin
Geboren 1984 in Oppeln/Polen. Veröffentlichungen von zahlreichen Kurzgeschichten, darunter *Im Auge des Drachen*, in: *Am Rande des Horizonts* (Anthologie), NOEL-Verlag; *Das Lied des Zentauren* in: *Jenseits der Grenzen* (Anthologie), NOEL-Verlag; *Der verlorene Prinz und die verwandelte Maus*, in: *Märchenbasar Vol. 4* (Anthologie) sowie *Die zwei Prinzessinnen*, in: *Liebe ... und Liebe lassen* (Anthologie); *Der Perlenring*, in: *Verlockende Schätze* (Anthologie), Verlag Pia Bächtold.

Markert, Eva
Geboren 1951 in Ratingen, lebt noch dort. Studienrätin für die Fächer Englisch und Französisch mit Zertifikat für Deutsch als

Fremdsprache und staatlich geprüfte Übersetzerin. Arbeitet als Lektorin und Korrektorin im Schreiblust-Verlag, Dortmund. Veröffentlichung zahlreicher Kurzgeschichten und Kindergeschichten in verschiedenen Hör- und Printmedien; das Kinderbuch *Adventskalender zum Lesen und Vorlesen* erschien 2005 im Dr. Ronald Henss Verlag. Mitherausgeberin der Humoranthologie *Bitte lächeln!*, Schreiblust-Verlag, 2010.

Pfeiffer, Angie

Geboren 1955 in Gelsenkirchen. Ist zum zweiten Mal verheiratet und lebt zusammen mit ihrem Mann, den vier Söhnen, zwei Dackeln und einer Katze im Münsterland. Bisher veröffentlicht: *Ruhrpottadel, ein autobiografischer Roman; Ruhrpottliebe, Leben und Lieben zwischen Bits und Bytes; Murphys Abenteuer, Geschichten für kleine und große Tierfreunde;* Kurzgeschichten in verschiedenen Anthologien.

Website: www.angie-pfeiffer.com

Plepelits, Karl

Geboren 1940 in Wien. Lehrer, Reiseleiter, Lexikograph, Altertumswissenschaftler, literarischer Übersetzer, Autor (Mitglied des Österreichischen Schriftstellerverbandes). Zahlreiche Kurzgeschichten, veröffentlicht in bekannten Literaturzeitschriften und Anthologien, und elf Romane, zuletzt: *Die verbotene Frucht. Eine west-östliche Liebesgeschichte*, Verlag Liber Libri, Wien 2008; *Unterwegs in Ägypten.* (Reiseroman), Iatros Verlag, Dienheim 2009; *Zu Gast bei Aphrodite* (Phantastischer Roman), Schweitzerhaus Verlag, Erkrath 2009; *Des Lebens unge-*

Kurzportraits

mischte Freude (Hörbuch), Roegelsnap Buch & Hörbuch Verlag, Schollbrunn 2010; *Unterwegs in Libyen* (Reiseroman), Iatros Verlag, Dienheim 2010.

Polaszewski, Anja
Geboren 1979 in Stralsund. Studium: Romanistik/Linguistik in Greifswald und Berlin. Während des Studiums und danach in diversen Redaktionen tätig. Heute Journalistin und Schriftstellerin. Veröffentlichung von Artikeln und Fotografien in Zeitungen (u.a. Neue Osnabrücker Zeitung), Magazinen und Büchern. Publikationen u.a.: *Berlin: Begegnungen und Begebenheiten*, BoD, 2009; Herausgabe: *Liebe … und Liebe lassen* (Anthologie), BoD, 2010. Verlagsgründung 2010, bisher erschienen: *Wie fliege ich …? Tragschrauber* (Lehr-DVD) sowie *Weihnachtslust … oder Weihnachtsfrust?* (Anthologie) und die vorliegende Anthologie. www.polamedia.de (Verlag) Ι www.coralita.de (Blog)

Post, Monika
Geboren 1948 in Kirn/Nahe (Schweiz). Kaufmännische Ausbildung. Heirat mit 18. Mutter von sechs Kindern. Als die Kinder erwachsen waren, war sie als Handelsvertreterin tätig. Heute Rentnerin. Hobbies: lesen, Leserbriefe schreiben, in den Bergen wandern, schauspielern.

Quast, Werner
Geboren 1966 in Bersenbrück. Lebt in Quakenbrück. Anlagenmechaniker mit Weiterbildung zum Industriemeister – Metall- und Schweißfachmann. Liebt Radfahren, Fotografie, Musik.

Romas, Alice

Geboren 1980 im deutschsprachigen Banat (Rumänien). Verbrachte ihre Kindheit in Stuttgart. Verließ die Heimat 2005 und reiste in die „weite Welt". Heute Autorin, Journalistin und Übersetzerin. Pendelt zwischen der Wahlheimat Südafrika und Deutschland. Mag Literatur, Malerei und Fotografie.

Scharley, Melanie

Geboren 1990 in Worms. Erste Veröffentlichungen: *Groupie-Liebe*, in: *Liebe und Liebe lassen* (Anthologie), 2009; Kurzgeschichtenserie *Jenna*, seit November 2010 im Internet-Literaturportal Literra.

Schmidt, Jana

Geboren 1977 in der Bachstadt Leipzig. Lebt mit ihrem Mann zusammen an der Ostsee in Kiel. Sagt über sich selbst: „Einen Ausgleich zu meinem Verwaltungsberuf finde ich im Schreiben von hoffnungsvollen, mal verrückten, mal tiefsinnigen und auch fantastischen Geschichten und Gedichten. Ich hoffe, die Herzen der Leser zu berühren." Interessen: Lesen, Yoga, Musik, Meditieren, Wandern, Natur und vieles mehr.

Schneider, Ella

Geboren 1958 in Biberach. Veröffentlichungen in der Frankfurter Bibliothek: *Kindheit*; *Weihnachten*; *Erreicht*; *Unverzichtbar*; in der Bibliothek Deutschsprachiger Gedichte: *Augenblicke*; *Endlichkeit*; in der Anthologie *Liebe ... und Liebe lassen* (Anja Polaszewski, Hrsg.); mehrere Texte in der Psychiatriezeitschrift

Kurzportraits

Frei(T)raum, hier aktive Mitarbeit als Redaktionsmitglied. Mitglied im Literaturtreff „Wortspieler"; Lesungen.

Soedersen, Britte
Geboren 1959 in Krefeld. Veröffentlichung von Kurzgeschichten, Gedichten, Romanen. Teilnahme an Lesungen der Kreativen an der VHS Krefeld. Mitglied der Krefelder Textweber.

Wadehn, Kerstin
Geboren 1968 in Jever. Studium der Betriebswirtschaft, Karriere- und Demographie-Management. Arbeit als freie Beraterin in der Personalentwicklung. Autorin von belletristischen Werken und Fachtexten. Veröffentlichungen unter anderem: Kurzgeschichte *Engelsflügelschlag*, Anthologie *Coaching*, Scheritzerhaus Verlag, 2011 (1. Platz); Kurzgeschichte *Spiegelglashaussplitter*, Anthologie *Jetzt*, Axel Dielmann Verlag, 2010; Kurzgeschichte *Briefs Geheimnis*, Anthologie *Liebe ... und Liebe lassen*, polamedia Verlag, 2009.

Wittorf, Nadine
Geboren 1989 in Hamburg. Lebt in Schwerin. Nach der mittleren Reife Ausbildung zur Hauswirtschafterin. Seit September 2010 weitere Ausbildung zur Diätassistentin. Liebt schreiben und lesen, reiten und Handball. Schreibt vorwiegend Fantasy. Bisherige Veröffentlichungen u.a. im *Dark Spy Magazine* (darunter *Morgengrauen* und *Wage Zeiten*) und in *Liebe ... und Liebe lassen* (Anja Polaszewski, Hrsg.)